だれもが大切にされる

インクルーシブ保育

－共生社会に向けた保育の実践－

小山　望 編著

堀　智晴・舟生直美・加藤和成・鈴木由歌・川俣瑞穂・鈴木仁美・渡邊美南
新城優子・中鉢路子・松岡佳子・渡邊真伊・尾埒健二 共著 (執筆順)

実践紹介園

葛飾こどもの園幼稚園（東京都）
愛隣幼稚園（千葉県）
愛の園ふちのべこども園（神奈川県）
幼保連携型認定こども園 聖愛園（大阪府）

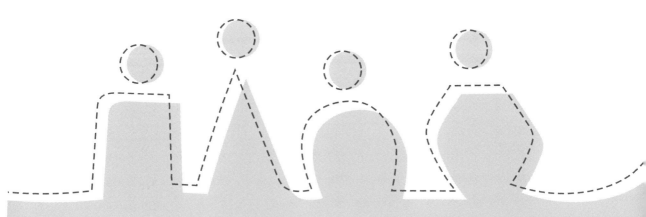

建帛社
KENPAKUSHA

はじめに

　編者として「はじめに」を記すにあたり，まず私自身のことから述べさせていただきます。障がいのある子どもとの出会いは，数十年前の大学院生のときに遡ります。当時大学院で障がい児・者心理学を専攻していて，障がいのある幼児を受け入れていた私立葛飾こどもの園幼稚園に週に一日働く機会を得ました。一般の幼稚園で障がいのある幼児を積極的に受け入れて統合保育をしていることに興味をもったのです。当時は，障がいのある幼児は障がい児の療育機関に通うことが一般的で，幼稚園・保育所で障がい児を受け入れて統合保育をすることは珍しかったのです。

　この幼稚園には，障がいのある子どもと健常児が遊びを通じて自然に関わり合い，育ち合う環境がありました。子ども同士が遊びを通じて，仲間になっていく姿を見たのです。言葉の遅れがあっても，遊びを通じて認知や言葉の発達が促進され成長していくさまを目の当たりにしました。ときには子ども同士の思いが伝わらず，ぶつかったり，衝突したりしながらも，相手の存在に気づき，相手の気持ちを理解することがきっかけになっていくのです。そこで私が学んだことは，子どもは共に遊んだ仲間とのつながりの中で，心身ともに満たされ幼稚園で居場所ができるということです。そのとき幼児期の遊びの重要性に気づいたことが，やがてインクルーシブ保育を志す方向に向かうことになりました。

　1994年6月，スペインのサラマンカ市でユネスコ（UNESCO：国連教育科学文化機関）とスペイン政府が開催した「特別なニーズ教育に関する世界会議」で採択された「サラマンカ声明」は，インクルーシブ教育のアプローチを推進するための世界各国の基本的政策の転換を検討するきっかけになっています。ユネスコの意図する教育は，障がいのあるなしで子どもを分けるのではなく，すべての子どもたちにとって効果的な学校をめざして，すべての子どもたちが一緒に学ぶべきと強調しているところです。この声明により，世界各国にインクルーシブ教育の方向性を示すことになりました。

　地域社会において障がい者との共生を進めるためには，幼児期からのインクルーシブ保育を積極的に浸透させることが必要です。障がいのある子どもだけでなく，外国籍の子ども，セクシュアルマイノリティの子ども，貧困家庭の子どもなど，多様な特性を含むすべての子ども同士が相互に関わり合って，お互いに認め合う心を醸成することが大切なのです。幼児期から，小学校，中学校，高等学校，大学などの学校教育機関でインクルーシブ教育を進めることで，多様性に寛容な社会を築くことができると信じています。

　本書の企画趣旨は，幼児期からのインクルーシブ保育をさらに浸透させたいという編者の思いから生まれています。今回執筆いただいた，前述の葛飾こどもの園幼稚園をはじめとした，愛隣幼稚園，愛の園ふちのべこども園，聖愛園の各保育施設は，インクルーシブ保育の実践に積極的に取り組んでおり，日本保育学会の自主シンポジムで数年にわたり，何度も実践を発表し，共に切磋琢磨してきました。2022年，2023年の日本保育学会では自主シンポジムにシンポジストとして登壇していただきました。執筆いただいた園長や保育者の方々にはご多忙の中取り組んでいただき，そ

の労に感謝申し上げます。また，登場するすべての子どもたちにその遊びや活動からさまざまなことを学ばせていただき，明日の保育につながるエネルギーをいただいことに感謝申し上げます。インクルーシブ保育の実践に正解はありません。ここに登場する保育施設も日々ドラマが起こり，その都度，どうすることが子どものためによいのかを保育者同士が話し合い，情報を共有しながら進めており，まさに試行錯誤の連続なのです。

　また執筆者の堀智晴氏は，インクルーシブ保育の実践研究の先達であり，師と仰ぐ存在です。堀氏の存在があったからこそ，インクルーシブ保育の研究に挑むことができたと思っています。

　最後に建帛社編集部には企画から刊行まで親身にご相談にのっていただき感謝申し上げます。この励ましなしには，刊行はできなかったと思っています。

　本書の内容についての責任はすべて編者にあります。読者からのさまざまなご意見をお待ち申し上げます。本書を手に取った読者がすべての子どもの輝きのためにインクルーシブ保育に関心をもたれ，挑戦したいと思うことを祈ってやみません。

2023年7月

編者　小山　望

目　　次

第5章　園での実践②　自由で主体的なあそび　　　　〈愛隣幼稚園〉

第6章　園での実践③　多職種協働の視点から　　〈愛の園ふちのべこども園〉

第1章 インクルーシブ保育

1. 「障害者の権利に関する条約」と インクルーシブ教育

　2006年の第61回国連総会で，「**障害者の権利に関する条約（障害者権利条約）**」が採択され，障がい者の人権尊重，社会参加が推進されることになりました。2014年には，日本もこの条約を批准しました。条約の批准を前に2011年に「**障害者基本法**」が大幅に改正され，2011年に「障害者虐待の防止，障害者の養護者に対する支援等に関する法律（略称；**障害者虐待防止法**）」，2013年に「全ての国民が，障害の有無によって分け隔てられることなく，相互に人格と個性を尊重し合いながら共生する社会の実現に資すること」が銘記された「障害を理由とする差別の解消の推進に関する法律（略称；**障害者差別解消法**）」の2法が公布され，さらに「障害者差別解消法」は，障がいのある人に**合理的配慮を義務付ける改正**が2021年になされました。

　障害者権利条約の第24条には，インクルーシブ教育を受ける権利の保障が謳われています。そこにある「inclusive education system（インクルーシブ教育システム）」とは，障がいのある者と障がいのない者が共に学ぶ仕組みを指します。そして，そこでは，障がいのある者が「general education system（教育制度一般）」から排除されないこと，および障がいのある児童が障がいに基づいて無償かつ義務的な初等教育または中等教育から排除されないこと，自己の生活する地域社会において，障がい者を包容し，質が高く，かつ無償の初等中等教育を甘受することができること，個人に必要な**合理的配慮**が提供されること等が必要とされています。

　障害者権利条約成立とともに，世界各国にインクルーシブ教育は広まっていきました。日本においては，文部科学省が2012年に共生社会の形成に向けたインクルーシブ教育システムの構築を発表しました。その影響もあり，幼児期におけるインクルーシブ保育も推進されています。インクルーシブ保育とは，すべての子どもがクラスの一員になれる保育をいいます。

2. インクルーシブ保育と統合保育のちがい

（1）統合保育とは

　統合保育とは，障がいのある子どもとない子どもを一緒の場で保育することですが，健常児集団を中心とした保育プログラムで実施されるクラス活動に障がい児が参加を求められる保育の形態です（**図1−1**）。形式的には障がいのある子どもは健常児集団にいるだけで，放置されたり，不本意な活動を強制されたりするという問題が，しばしば生じています。障がい児が入園しても健常児

中心の保育プログラムは変わらず，障がい児はクラス活動で同じ活動をするために加配保育者に個別指導を受けながら，参加できるようになることを求められるのです。

　統合保育の問題として，野本（2010）[1]は，障がいのある子どもとない子どもと一緒に活動することができるように，他の子どもの活動に支障がないように支援や援助がなされている，障がいのある子どものできないことへの支援に関心がいっていると指摘しています。小山（2020）[2]は，障が

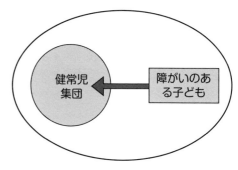

図1−1　統合保育のイメージ

いのある子どもが健常児中心の活動に参加するために，ソーシャル・スキルなど応用行動分析の手法が使用されているが，これはクラス活動に参加することを重要視しているからではないかと指摘しています。障がいのある子どもが入園しても定型的な発達をしている子ども中心の保育プログラムや活動は変わることなく，障がいのある子どもへの個別的な配慮もないままに，一緒に保育することに重点が置かれることは，それでいいのでしょうか。別府・大井ら（2020）[3]は，統合保育では，特別の配慮を必要とする幼児をクラス集団に参加させる際に，「みんなと一緒」を優先するあまり，「クラスへの参加」を目標と設定することに陥りやすく，これが課題であることを指摘しています。また浜谷（2014）[4]は，統合保育とインクルーシブ保育は原理的には異なると指摘します。その理由として，統合保育は多数派（しばしば健常児集団）と少数派（特別な支援が必要な子ども）とに分別し，多数派のための保育を少数派に強制する保育であるのに対して，インクルーシブ保育は，子ども一人ひとりの多様性と基本的人権を保障して，どの子どもも保育の活動に参加することを実現する保育であるためとしています。

（2）インクルーシブ保育とは―保育のパラダイムシフトの必要性―

　インクルーシブ保育では，障がいがある子どもを含む外国籍の子どもなどさまざまな子どもたちがいることを前提として，すべての子どもたちがクラスの一員となります（**図1−2**）。言い換えれば，**どの子どもも受け入れて排斥しない保育**です（小山，2022）[5]。どんなに障がいや困難を抱えている子どもでも排除されることなく，かけがえない仲間や集団の中で一人ひとりがその子らしく輝き豊かに発達していることをめざす保育がインクルーシブ保育といえます（黒川，2016）[6]。

　保育者が保育プログラムや活動や遊びを考えて，子どもたちをその保育プログラムに沿って誘導していく**保育者主導保育から，子ども主体の保育に保育のパラダイムシフトが求められます**。インク

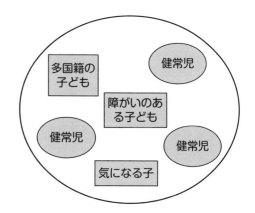

図1−2　インクルーシブ保育のイメージ
すべての子どもがクラスの一員になれる保育
子ども主体の保育

ルーシブ保育は，その子ども主体の保育を実現する保育なのです。

インクルーシブ保育は，障がいのある子どもや多様なニーズのある子どもがいることを前提とした保育です。**障がいのあるなしで分けない，どんな子どもも排除しない，どんな子どもも一緒にいる**ことを前提とした保育です。小山（2018）[7]は，自閉スペクトラム症（ASD）のE児の幼稚園でのクラスの仲間関係を一年間観察し，E児の好きな遊び（こま回し）やコーナー遊びで一緒に仲間と関われる機会を定期的に設けたところ，クラスの仲間と相互交流することができるようになり，クラス活動に溶け込めるようになったと報告しています。インクルーシブ保育では，子どもが主体的に活動できることを保障し，遊ぶ相手も自分で選択し，子どものペースを尊重するため，どの子どもも自分も相手も大事にされる感覚が育ち，心身の発達が促進されるのです。

（3）インクルーシブ保育の実践方法

インクルーシブ保育の実践に関して，簡単に箇条書きで以下にまとめました。それぞれの具体的な実践を本書では紹介していきます。

① **異年齢クラス**：3歳・4歳・5歳の異年齢クラス
　　◆みんなちがってあたりまえ，柔軟な対応が可能な保育，ちがいを受け入れる感受性を育てる

② **コーナー活動**：ままごと，砂場遊び，製作活動，ごっこ遊び，電車遊び，動物とのふれあい，どろけい，サッカー，虫探し，絵本，こま回し，アスレチック，基地遊び
　　◆どこで遊んでもいい，誰と遊んでもいい，一人で遊んでもいい

③ **一人ひとりの保育ニーズをとらえ支援計画をオーダーメイド（個別の支援計画）**
　　◆子どものやりたい遊びや興味・関心を把握して共に関わる

④ **子ども同士の関係を育てることを大切に**
　　◆好きな遊びを通じて仲間関係を育てる

⑤ **保育環境**
　　◆動物（アヒル，ニワトリ，ネコ，ヤギ，カメ，サカナ）
　　◆木や花や草などの植物を身近に感じる環境
　　◆一人になりたいときに隠れる場所を設ける

⑥ **特別の配慮が必要な子どもや保護者支援を園全体で対応**
　　◆障がいのある子どもなど特別の配慮が必要な子どもや保護者への対応や支援を大切に園全体で情報共有し，ていねいに保育者が対応

⑦ **保育者を孤立させない，問題を園全体で共有**
　　◆クラスの中で気になる子どもについて保育者同士で情報を共有し，一貫性のあるていねいで柔軟な対応を行う

⑧ **専門機関等との連携**
　　◆障がいのある子どもの療育機関や相談機関と連携し子どもの情報を共有しながら，支援計画を立てる

⑨ **子ども同士のトラブルがあったときは「チャンス」ととらえる**
　　◆解決に向けて，安易に仲直りさせない。保育者の価値観を押しつけない，子ども同士がぶつかったり，意見が対立してこそ理解し合える機会ととらえる

引用文献

1）野本茂夫（2010）どの子にもうれしい保育の探求，横浜市幼稚園協会
2）小山望・勅使河原隆行・内城喜貴監修（2020）これからの共生社会を考える―多様性を受容するインクルーシブな社会づくり―，福村出版
3）別府悦子・大井佳子他（2020）統合保育からインクルーシブ保育への展開のための実践的視点．中部学院大学・中部学院大学短期大学部研究紀要　第21号，1-12
4）浜谷直人（2014）インクルーシブ保育と子どもの参加を支援する巡回相談．障害者問題研究　第42巻第3号，178-185，全国障害者問題研究会
5）小山望（2022）インクルーシブ教育に関する研究―統合保育からインクルーシブ保育へ―．田園調布学園大学教職課程年報　第5号，13-22
6）黒川久美（2016）インクルーシブ保育と保育のありかた研究の覚書．南九州大学人間発達研究　第6巻，93-97
7）小山望（2018）インクルーシブ保育における園児の社会的相互作用と保育者の役割，福村出版

参考文献

・小山望・太田俊己・加藤和成・河合高鋭編（2013）インクルーシブ保育っていいね，福村出版

第2章 インクルーシブ保育を創る
―その方法と工夫―

この章では，筆者＝私の長年の経験から，インクルーシブ保育を考えていきます。

1．みんなとちがう変わった子

こども園での一コマ。その子は保育者の指示に従わず，みんなとちがうことをしています。参観している私も，なぜみんなと同じことをしないのかな，何をしたいのかな，何をしたくないのかな，一体どんな子なんだろう，と想像力をたくましくしていろいろと考えます。

こういう場面はよくあります。このような子は，一般に困った子だとみられがちです。ところがインクルーシブ保育では，こんな子を大切にします。そしてまわりの「みんな」同じように動いている子どもたちの方こそおかしいのではないかと考えます。

本当はどの子もこの子のようにその子なりの特徴をもつユニークな（世界に一人しかいない）子どもなのに，保育を受けることによってみんな同じような子どもに同化させられていきます。このような保育は「反インクルーシブ保育」です。

2．インクルーシブ保育を創る

「つくる」の文字を「**創る**」としたのは，**新しく創る**からです。インクルーシブ保育は，これまでの保育のように子どもをひとまとめにして保育するのではなく，子どもの一人ひとりの意思を尊重して育てる保育です。子どもは一人ひとりちがいます。このちがいを大事にして育てていきます。だから，インクルーシブ保育とは**多様性を尊重する保育**です。

しかし，だからといって子どもをバラバラに育てるわけではありません。また，急にこれまでの保育を大きく転換させる必要もありません。子どもたちの一人ひとりのちがいを活かす保育へと少しずつ変えていけばいいのです。

子どもたちは一人ひとりちがっているのでお互いに影響し合って育っていけばいいのです。一緒に遊びながら育ち合い，困っているときは助け合います。時にはトラブルを起こしながら自分たちで解決して育っていきます。インクルーシブ保育は，このように子ども同士の**育ち合いを育てる保育**です。

これまでの保育は，保育者が子どもたちを一まとめにして動かし誘導していく一斉保育が中心になっています。このような保育からインクルーシブ保育への転換は新しい保育への転換です。ですから，子どもの見方（子ども観），保育についての考え方（保育観）を新しく変えていく必要があ

ります。しかし，急ぐ必要はありません。自分の子ども観，保育観を少しずつ見直していくように
しないと，あわててもなぜそうする必要があるのか，保育者が自分の問題として気づくことにならないからです。

3．子どもたちへの３つの願い

　私は，インクルーシブ保育では，子どもたちに次の３つのことを願っています。
① 一人ひとりの子どもが，その子なりに自分で考え行動していってほしい
② 自分だけではうまくいかないときは，友だちと助け合って生きていってほしい
③ 自分や友だちと生きるこの場を，少しずつよりよいものに変えていってほしい
　私のめざすインクルーシブ保育は，この３つの願いを相互に関連させバランスをもたせつつ子どもたちに期待して見守っていく保育です。
　①は一人ひとりがその子なりの感じ方，考え方をしているということです。しかし，自分一人で何でもできるわけではないのですから，困ったときは②のように友だちに助けてもらえばいいのです。楽しい経験，悲しい経験も友だちと共有し合えばいいですね。
　また③のように，自分の生きる場が心地よい場であれば，①のように自分で考え行動することもしやすく，②のように助け合えます。そして，一人ひとりその子なりのペースで育っていけます。お互いを「**尊重し合い認め合える場**」を子ども同士で創っていってほしいと思います。このように①，②，③は相互に補完し合ってつながっています。

4．インクルーシブ保育を創る４つの視点

　私は長い間保育実践を拝見してきて，次のことを学びました。保育実践を振り返るとき，**４つの視点**がいつも必要な〈実践を見直す視点〉だということがわかってきました（**図２－１**）。そして，この４つの視点こそインクルーシブ保育を創り出していく方法としても参考になるのではないかと考えるようになりました。
　保育実践，ここではインクルーシブ保育を創り出すうえでの４つの視点は，次の通りです。
① 目の前の「この子」はどんな子かをよく理解し，一人ひとりのちがいに気づく
② 保育者は一人ひとり子どもへの願いをもち，「この子」に即した関わりをする
③ 「この子」への手だて，「この子」たちへの手だてを連動させるといい
④ 環境整備も大事。これも子どもの側から見直す必要がある
① 「この子」理解
　子どもは一人ひとり全くちがった人間です。私は，障がいのある子の保育を中心に考えてきました。そして，どの子も目の前にいる子は〈世界に一人しかいないこの子〉なんだと考えるようになりました。
　どんな子にもその子なりの感じ方，考え方，生き方があるというのが次第にわかってきました。

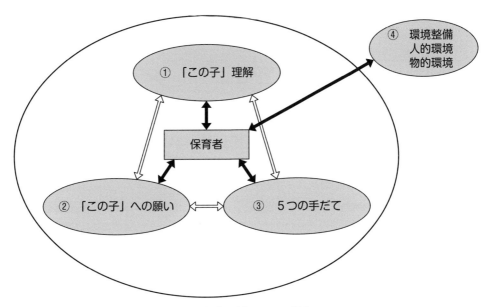

図2−1　実践を創る４つの視点

これは当然なことですが，保育者や教師は実はこのことがわかっていないのではないでしょうか。

保育は目の前の〈この子〉を尊重して保育することになりますから，保育者は子どもの名前を大切にして語りかけるという姿勢が必要です。**子どものちがいを尊重するインクルーシブ保育**は，一人ひとりに注目してどの子も大事にすることから始まり，一人ひとりの子どもがその子なりに育っているのかと見守ることへとつながっていきます。

徹底した**子ども理解こそ保育の原点**です。しかし，子どもを理解しきることは困難です。そこで，いつも保育者は自身の子ども理解を見直す必要があります。つまり自分の子ども理解はいつも「仮の理解」だということです。このことを自覚する必要があるのではないでしょうか。

② 「この子」への願い

一人ひとりの子どものちがいを尊重し，その子どもの意思を読み取り，どの子もその子なりに育ってほしい。これは保育者の切なる願いです。保育はこの願いを抱いて子どもを見守り育てていきます。

まず，本人はどのように生きていきたいと願っているのか，保育者はこのことを読み取る必要があります。どの子もその子の願いをもって生きています。この願いは一人ひとり異なります。

さらに，この子の保護者はどのような願いをわが子に託して育てているのでしょうか。このことも知る必要があります。そして，保育者は保育者として子どもに対してどのような願いをもっているのでしょうか。あるいは，子どもは子どもの中でこそ育つと考えた方がいいのかもしれません。大人の目の届かないところで子どもたちの豊かな深い関係が生起して，その中で子どもは自分のペースで育っているように思うからです。

私は，まず，その子なりの願いを尊重しながら，これからの民主主義社会を担う市民として育ってほしいという願いをもっています。まだ乳幼児期にある子どもたちに対してこのような願いははたして適切か，が問われるかも知れません。しかし，これから先のこの子たちの育ちを考えると，乳幼児期であれ，その子なりの感じ方，考え方，生き方が幼いとはいえもうすでに少しずつですが

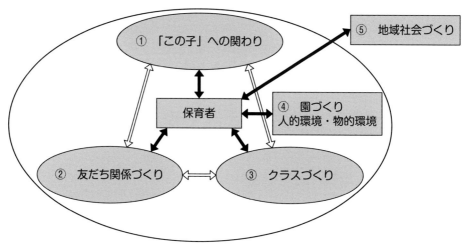

図2-2　5つの手だて

形成されてきています。そのようなその子なりの生き方を読み取り尊重していきたいと思います。

　本人，保護者，保育者，また，幼稚園，保育所，こども園など保育施設の掲げる子ども像など，子どもは，子どもに関わるすべての人たちの思いの中で育まれていくのですが，このような願いは，「この子」の生きるこの社会や時代の影響も受けています。この点も考えてみる必要があります。

③　5つの手だて

　保育者は，子ども理解，子どもへの願いをもって，子どもたちにていねいに関わり保育をしていくことになります。これが具体的な手だてです。手だてには**5つの手だて**があります。この5つの手だてを連動させて関わります。①「この子」に対する一対一の関わりとしての手だて，②子ども同士の関係づくり（友だち関係づくり）の仲介役としての手だて，③クラスづくり，④園づくり（人的環境・物的環境），⑤地域社会づくりの5つです（**図2-2**）。

　いいクラスづくりができていれば，一人ひとりの子どもが伸び伸びと育つでしょう。また子ども同士の関係もいい関係になるでしょう。このようにこの5つの手だては他の手だてと関係し合っていて連動しています。この点を意識して保育していくことになります。

④　環境整備

　保育実践の行われる環境の整備も重要です。人的環境の整備と物的環境の整備との2つが考えられます。保育者の人数や保育者の連携のあり方，保育者が働きやすい環境条件の整備が重要です。また，保育室や園庭などの物的環境，自然環境の整備も大事です。

参考文献

・堀智晴（2004）保育実践研究の方法―障害のある子どもの保育に学ぶ―，川島書店
・堀智晴（2004）障害のある子の保育・教育，明石書店
・堀智晴（2016）世界に一人しかいない「この子」の保育．日本保育学会編：保育学講座1　保育学とは―問いと成り立ち 所収，東京大学出版会，pp.227-250
・堀智晴（2022）インクルーシブ保育の理論と実践．堀智晴他編著：ソーシャルインクルージョンのための障がい児保育 所収，ミネルヴァ書房，pp.1-14

第3章

「成果重視型」の保育と「プロセス重視型」の保育

インクルーシブ保育では多くのちがった特性のある子どもたちが一緒に生活しているため，実にさまざまな姿を見せてくれます。その姿を保育者はどのようにとらえたらよいでしょうか。

子どもたちが見せる姿や場面の多くは保育者が支えているため，保育者のとらえ方によっては活動の方向が全くちがったものになってしまいます。

この章では筆者が自身の保育を振り返り，**成果重視型**の保育から**プロセス重視型**の保育への移行期に感じた不安や難しさ，また楽しさに焦点を当てながら，保育の方法，ひいてはその価値観を大きく転換させていくために，保育者自身の意識をどのように変化させていけばよいのかを考えていきます。

1．見えた結果を評価する「成果重視型」の保育

（1）「成果重視型」の保育とは

成果重視型とは「**成果で評価することを重視する**」という考え方で行う保育のことです。

どのようなプロセス（過程）をたどったとしても，一定の期間でできるようになったり，ある時点で成果が得られたとみなすことを重視する保育です。このような保育では，めざすものごとがある程度決まっており，活動した結果どのような成果（成長）が得られたのかということを重視する保育ということになります。

たとえば，一斉保育の主活動の時間で製作や描画を行う場合を思い浮かべてみてください。

事例
3-1 ┃ **一斉保育「お父さんの顔を描きましょう」**　　　　　**4歳児　6月**

よく晴れた日，子どもたちは朝の支度を終えると，思い思いの遊び場をめざして園庭に出て行きます。それぞれの場所ではさまざまな遊びが展開されています。

10時になりました，保育者は園庭を回り，遊んでいる子どもたちに向かって保育室に戻ってくるよう声をかけます。すると，子どもたちは一旦遊びを終わらせ，保育室に戻り，手洗いなどを済ませると，保育者の前に集まって話を聞く準備をして待っています。保育者は子どもたちが全員保育室に戻ったことを確認すると，「今日はみんなでお父さんの顔を描きます」と言って，その日の主活動の内容を伝えると，子どもたちに保育者の描いた"お父さんの顔"を手本として見せました。保育者はすかさず「まだ，やらないで，よく見ていてね」と声をかけ，「はじめは薄いだいだい色で丸を描きます」「それから，眉毛を描きます」「ひげを描きます」「笑っているお口を描きます」……と手順を説明しました。すべての手順を説明し終えると「はい，どうぞ」と言って活動の始まりを合図しました。子どもたちは

その合図に合わせ，手順を思い出しながら“お父さんの顔”を描きました。

　しばらくすると「できた」と子どもたち。保育者はできあがった絵を見て，「じょうずにできたね」「お父さん笑ってるね」と声をかけています。帰りの会の時間，前を向いて笑っているお父さんの顔が壁面いっぱいに飾られました。

　事例3-1は一般的に保育の中でよく見られる一場面ではないでしょうか。筆者自身も長い間何の疑問ももたず，保育はこういうものだと思って，できあがったものに対して，「じょうずにできたね」とか「きれいにできたね」などと声をかけ，そのできばえを見て評価していくという保育をしていました。このような保育では保育者は子どもたちにその日の主活動の内容を伝え，見本を示しますので，子どもたちはその見本をめざして活動を行っていきます。その結果，ほとんどの子どもの作品は保育者の示した見本に沿ったものがじょうずにできあがるのです。

　「成果重視型」の保育では年間や月間，週間，日案といういわゆるカリキュラムや保育者の意図，思いが先行しがちです。作業手順などを一度に伝えられますので，多人数を相手にしなければならない保育場面では効率がよいともいえるかもしれません。また，めざすものが示されていることが多いため，ある程度保育者側が活動の最終イメージを描いており，そのイメージが保育者自身の評価基準となるのです。このような保育では活動の結果が「できた」「できない」といったように見えるかたちでわかりやすく現れてきますので，保育者は自身の基準に照らして，近しい行動やできばえだと感じたときは「できた」「好ましい」と評価し，その基準から離れれば離れるほど「できていない」「好ましくない」と，保育者自身の基準に照らし合わせた“できばえ”で子どもの活動の成果を評価することを重視していく保育なのです。

　しかし，さまざまな特性のある特別の配慮が必要な子どもたちは，保育者のめざしているイメージに近いものを作ったり，表現したりすることは難しいですし，一斉に行われる説明なども子ども自身の中に残りにくく，「できていない」「好ましくない」と評価されてしまうことが多くなるでしょう。またこうした保育者の評価は他の子どもたちにも伝わりやすく，成果重視型の保育の中では，**特別の配慮が必要な子どもが全体の中で表面化してしまう危険性がある**のです。

　さらに**事例3-1**では，登園後思い思いの遊びをしている子どもたちに保育者が声をかけることで，そのときの遊びがどのような状況であっても保育者の声かけに合わせ，保育室に戻ることを優先します。つまり自分の思いや遊びの状況より，保育者の言動を優先するということが日々の中で習慣づけられていることも子ども主体の保育を大切に考えるとき，注意すべき点となるのではないでしょうか。

（２）保育者が保育者の基準でクラスという単位の枠組みをつくってしまうこと

　どの園にも保育者から見て「気になる子」はいます。年度当初の関わりで“ちょっと気になる”と感じる子どもが一年間一緒に生活をしていくと，年度末には“とても気になる”と感じる子どもになっていることはないでしょうか。筆者が担任していたクラスにも「気になる子」がいました。なぜその子はクラスの中で「気になる子」なのでしょうか。

　「『ちょっと気になる子ども』が周囲の関係の中でますます気になる子として浮き彫りにされてくるというような事態が保育の現場でしばしば生じている」（刑部，1998[1]），「保育者の語りから，保

育者は，生活の中にある困り感を持つ子どもや全体を見た時に感じる違和感などから『気になる子』という感覚を持つことを明らかにした」（美馬，2012[2]）ことの研究や，「保育者にとって『気になる子ども』が気になる一番の要因は，クラスの他の子どもと動きが違うことである」と大野（2013）[3] が指摘しているように，筆者も，日常の保育の中で「生活の中に困り感が多い」「指示が通らない」「集団になじめない」「執着心が強い」等，クラス全体を見たときに何らかの違和感があった際にその子を「気になる子」「配慮すべき特別な子ども」としてとらえていたようです。

　保育者は担任を任されると，そのクラスを"まとめよう，まとめよう"とする気持ちがはたらき，知らず知らずのうちに子どもたちに対し「集団に適応する」ことを求めがちになります。保育者自身の感覚とずれが生じていたり，保育者が求める行動とちがうと感じる行動をしている子どもを「気になる子」ととらえてしまいます。

　わかりやすく図形で説明してみましょう。たとえば**図３−１**のようにさまざまな◯などの図形が箱の中に散りばめられているとします。箱の中でランダムに散らばっているときは◯が多めに存在していますがその中で■，▲，★もそれぞれに存在しているのだと認識します。しかし，**図３−２**のようにまとまりとしての枠組みをつくってみると，とたんに枠組みの中には図形が多くあり，その中にちがう形の図形が入っているという認識に変わり，さらに円の外にある図形は枠組みから外れて存在していると認識するのではないでしょうか。簡単な枠組みをつくっただけで，自分が基準と認識した形とそれ以外の形を区別することにつながることがわかります。このことを保育に戻すと，**クラスという枠組みをつくることは「気になる子」と「気にならない子」を分けて認識することにつながってしまう**危険性があるということです。

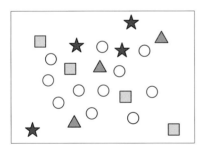

図3-1　それぞれの図形が散りばめられている様子

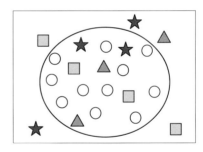

図3-2　図3-1に集団という枠組みをつくった様子

　保育者は子どもたちについて，一人ひとりさまざまな個性や特性のあることは理解しつつも「集団としてのまとまり」を意識すると途端に「気になる子」が出てきてしまうのです。そして，その「気になる子」を一生懸命に集団の中に"入れよう，入れよう""戻そう，戻そう"としてしまうのです。

　確かに担任をしているとクラスがまとまっていることや落ち着いていることは保育しやすく，また保護者の目にもわかりやすく，担任として同僚や保護者からよい評価を得られるかもしれません。しかし，子どもたちが保育者の指示でまとまっていること，落ち着いていることが「集団に適応している」こととして本当に評価されるべきことなのでしょうか。

　このときに問題になるのが「枠組み」です。この「枠組み」は明確な基準があるわけではなく，

多くの場合保育者側がこれまでの経験の中で，この時期にはこのぐらいの発達が見られるというような自分自身の見方を頼りにしているように思います。この「枠組み」をつくってしまうと，保育者はその自分自身の見方による枠組みから外れる子を「気になる子」として認識し，その子を保育者の見方による枠組みの中に入れなければという意識をもって関わることになってしまうのです。

　つまりこの「枠組み」は保育者の感覚や経験に委ねられたあいまいな基準でありながら，大きな影響力をもっており，インクルーシブ保育を考えるうえでさまざまな危険をはらんでいるといえます。

　近年，インクルーシブ保育を意識した保育を行っている幼稚園や保育所，認定こども園が増えています。しかしながら，保育者側がこれまでの経験や園の伝統に照らし合わせた枠組みをつくり，その枠組みの外にいる子どもを「気になる子」ととらえ，クラスのまとまりという枠組みの中に入れるべきと感じて，保育を行っていることも多いのではないでしょうか。

　保育者がクラスという単位の「枠組み」をつくってしまうことについては，保育者自身の保育に対する意識や考え方を大きく変えていく必要があるのです。

2. 子どもの主体性を尊重し一人ひとりのプロセスをとらえる「プロセス重視型」の保育

（1）「プロセス重視型」の保育とは

　プロセス重視型の保育とは，子どもたちがどのようなプロセスをたどって今に至っているのかという視点を大切にするという考え方で行う保育のことです。

　活動した結果，目的にしていたことが「できた」「できない」と，見えるかたちで現れた結果を評価する「成果重視型」の保育とはちがい，一人ひとりの子どもが，遊びや生活をそれぞれに行う中で，どのような目的をもっているのか，その活動が始まったきっかけは何か，何を面白がっているのか，どのような感覚を使っているのか，どのようなことを感じて心を動かしているのか等，一人ひとりがそれぞれの活動の中でどのようなプロセスをたどっているのかということを重視する保育です。

　この「プロセス重視型」の保育では，一人ひとりが主体的に活動していく姿に着目していくため，その遊びを経験することで，どのようなことが育ったのかということを，考察していく必要があります。そこで保育者は子どもの遊びや活動の始まりからある地点に至るまで，どのようなプロセスをたどっているのかということをつぶさに見とっていくことが大切になります。

　たとえば，保育室や園庭にさまざまなコーナーがあり，子どもたちが自由にさまざまな場所で遊んでいる場面を思い浮かべてみて下さい。次の事例は，健常児とこだわりの強い子が泥遊びをする場面です。

自由遊び「これやりたい」―Ｓちゃんとこだわりの強いＫくん―

Ａ園の子どもたちは登園すると自分の支度を終え，それぞれが自分の興味・関心に沿って，保育室にあるさまざまなコーナーに行ったり，やってみたいと気持ちが動いたことに向かって遊びだし，自由に過ごすことが日常の習慣になっています。

この日も各保育室や園庭では多くのコーナーが用意され，子どもたちは思い思いの場所で遊んでいます。

Ｓちゃんは砂場でバケツに砂と水を入れ，泥を作って遊んでいます。何か面白そうなことが始っていることを感じた保育者Ｂ（筆者）は，近くでその様子を見守ることにしました。バケツの中には水が多めに入った泥水ができています，するとＳちゃんは砂をバケツに入れ始めました。スコップでグルグルかき混ぜると硬めの泥ができあがり，その泥で泥団子を作り始めました。

その様子をすぐ脇で見ていたＫくん，「泥」が気に入ったようで早速同じように作り始めました。Ｋくんはグルグル泥水をかき回していると泥がはだしの足に跳ねました。Ｋくんはその様子が面白かったようで，今度は自分で足に泥を塗り始めました。両足首まで泥だらけになると，Ｋくんは「見て」とばかりにそばにいた保育者Ｂの方に視線を向け，満足げな表情を浮かべました。保育者ＢもＫくんと目が合うとうなずきながら笑顔でこたえました。

事例３－２は，こだわりの強いＫくんが，健常児Ｓちゃんの泥遊びに興味をもち，自分も"やってみたい"と心を動かしたことをきっかけに始まった遊びの事例です。

「プロセス重視型」の保育では，保育者はこの事例をどのように見とっていけばよいでしょうか。

「成果重視型」の保育を行っていたころの筆者でしたら，"Ｓちゃんは何やら自分のこれまでの経験を引き出して，工夫して遊んでいる"とこれまでの経験を活かしているということを成果として評価していたでしょう。また，Ｋくんの遊びに関しては，これまでの経験がなかなか積み重ならず，いまだに泥を自分に塗りたくってしまうそんなＫくんの行動を"困ったこと"としてとらえ，Ｋくんは発達に遅れがある子として評価していたかもしれません。

しかしインクルーシブ保育の中に入り「プロセスを重視する」ようになった筆者はこの事例を以下のようにとらえます。まずはじめにＳちゃんの遊びのプロセスを追ってみます。Ｓちゃんは自分のこれまでの経験から，水の量と砂の量を微妙に調整しています。水と砂の量を調整して自分の理想の硬さになるまで，泥をシャベルですくい上げ，バケツに落とすことを繰り返し，試行錯誤していました。理想の硬さの泥ができると納得し，泥団子作りを始めました。

泥団子作りでは，手のひらを交互に返しながら，また首をかしげて泥団子をさまざまな角度から見て泥のまとまりが丸くなるように指先を使って形を整え，イメージに近づけることに夢中になっている様子であるととらえました。また，Ｋくんについては，Ｓちゃんの泥に興味をもち，自分も"やってみよう"と心を動かしたことが遊びのきっかけになり，はじめは泥水をかき混ぜて楽しんでいる様子でしたが，泥が足に跳ねたことがさらなるきかっけとなり，ダイナミックに泥を足に塗る遊びが始まっています。足首まで泥を塗るのはなかなか根気のいる活動だったに違いありませんし，もしかすると，泥がひんやりして気持ちよかったのかもしれません。さらに注目したい点はＫくんが保育者に向けた視線とそのときに浮かべた表情です。この表情から，Ｋくんが"やってみたい"ことを思い切りでき，満足のいく充実した時間を過ごせたのではないか，というようにとら

えました。

　「成果を重視する保育」から，「プロセスを重視する保育」を心がけるようになった筆者は，いつの間にか，個々を比べるということではなく，**一人ひとりがどのようなプロセスをたどって今に至っているのかというとらえ**ができるようになっていきました。

　事例3−2でも紹介したように，インクルーシブ保育を行っている園では，自由保育という保育形態を取り入れている園が多いようです。自由保育の中では，子どもの主体性が尊重されており，子どもたちの興味や関心をもとにコーナーが設置されていたり，子ども発信の遊びができるようさまざまな素材や空間等，自由度のある環境で思い思いに自分の興味・関心のあるものと関わり遊ぶことが保障されています。そのため，特に保育時間に細かな区切りや制限の少ないことも特徴といえるのですが，それゆえにできごともさまざまな場所で同時に多発的に起こりますので，保育者自身も周囲のさまざまなできごとに興味・関心をもってその姿を追っていこうとする心持ちで見守る保育が求められます。

　「プロセス重視型」の保育は，先に述べた成果で評価することを重視する「成果重視型」の保育とは異なり，自由に遊ぶ，生活できる環境が保障されている中で子どもたちは好きな場所で好きなように自分軸の時間を過ごします。多人数で遊んでいたり，時に保育者が中心となる活動で目的や最終的な結果が同じになったとしても，一人ひとりたどっていくプロセスはちがいます。そのプロセスに視点を置き，一人ひとりが活動を進めていく過程でどのようなことが起こり，何に心を動かし，どのように考え今にたどり着いたのかを具体的にとらえ，そのプロセスから一人ひとりを理解していく保育ということになります。

3. 今まで行ってきた自分自身の保育に対する意識を変えることの難しさ

（1）保育者の考えが先行してしまうこと

　第1節と第2節では，長年「成果重視型」の保育をしていた筆者が，インクルーシブ保育に出会い，日々の子どもたちとの関わりから次第に「プロセス重視型」の保育へと意識を変換させていったことについて，事例を用いて紹介してきました。

　しかし「成果を重視する」視点から「プロセスを重視する」視点へと意識を変換させることは筆者にとって簡単なことではありませんでした。なぜなら「成果重視型」の保育を長年行ってしまっていたため，頭では「プロセスを重視する視点をもつこと」が大切であるとわかっていてもすぐに「評価」することに意識が向いてしまい，保育の中で子どもの活動に対し「これができた」「あれができない」という「評価」の視点で子どもたちをみてしまうのです。このことに筆者は約2年間悩み続けました。

　ある日の保育で筆者は同僚の保育者から「先生は子どもの何をみているの？」と投げかけられました。インクルーシブ保育を知り半年が過ぎたころのことでした。

　保育者B（筆者）は，来月ある運動会を意識して園庭に跳び箱や平均台を出し，子どもたちに運動遊びを促そうと準備をしていました。

　マットから跳び箱によじ登りジャンプして降りるというアスレチックの要素を取り入れたコースを準備すると，そこに年長児Yが来てマットから跳び箱をめがけてジャンプしました。跳び箱は5段の高さ。ジャンプがうまくいくとやっとよじ登れるくらいの高さです。

　Yは何度か挑戦しましたがなかなかうまくよじ登れませんでした，たまたまよじ登れても今度はそこからジャンプして降りることも勇気のいる高さでした。しかしこれまでに数年の保育経験がある保育者Bはこの条件をなかなか変えようとはせず，Yに対し「がんばれ」「それっ」と踏み切るタイミングを見計らってかけ声をかけていました。Yはその後もうまくタイミングが取れずとうとう泣き出してしまいました。そんなYに対し保育者Bは「また明日がんばろう」「何度も挑戦すればきっとできるよ」と声をかけたのでした。

　先ほどの「先生は子どもの何をみているの？」という言葉は**事例3-3**の子どもとのやり取りをかたわらで見ていた同僚保育者からの投げかけでした。これまで数年の保育経験があった筆者はなぜそのようなことを言われたのか，はじめはとても腹立たしく感じました。なぜならこれまでの保育経験から1か月後の運動会を意識し今までより少し難しいことに挑戦する気持ちをもってもらいたい，できるようになったときの達成感を味わってほしいと自分なりに「ねらい」や「目的」をもっていたからでした。

　この場合，大切にすべきことは何だったのでしょう。筆者は確かに「ねらい」や「願い」をもっていましたし，今できることより少し難しいことに挑戦してほしいことや，それができたときにはきっと達成感を味わえるにちがいないという気持ちだったと思います。しかしこの活動は「子ども発信」の活動ではありませんでした，今振り返ると，子どもたちに挑戦してほしい気持ちや達成感を味わってほしいという**保育者本位の「願い」や「ねらい」が先行してしまっていた**といえます。

　確かにこのままの状態を続け，毎日毎日応援をすれば，子どもはその状況がそういうものだと感じ，次第に「跳び箱はよじ登るもの」「跳び箱からはジャンプするもの」と筆者の「ねらい」や「願い」に沿って「そうするもの」として活動をとらえ，そしてやがてできるようにもなるかもしれません。しかしこのような保育では，子どもは知らず知らずのうちに保育者の「ねらい」や「願い」に応えることに意識を向け活動していくようになってしまうとも考えられます。このような保育は，大人が子どもを意味のある世界へ巻き込んでいき，できるように仕向けてしまう「成果重視型」の保育であるといえるのではないでしょうか。

　このように，「成果重視型」の視点から「プロセス重視型」の保育へと意識を変換させることは筆者にとって容易なことではではありませんでした。

　事例3-3の場合は，まず現状の子どもが跳び箱によじ登ることやジャンプすることをどのように楽しむのか，その姿をとらえることが優先だったように思います。どのようなタイミングでジャンプしようと体をかがめるのか，手足をどのように使ってよじ登ろうとするのかをとらえたり，跳び箱からジャンプするにしても高い所からのジャンプを楽しんでいるのか，遠くまでジャンプする

ことを楽しんでいるのか，子どもの楽しみ方をそのようにとらえていたとしたら，その後の「ねらい」や「願い」も変わっていたのではないでしょうか。

　大人が「ねらい」や「願い」をもって子どもと関わることも大切なことですが，そこには出合わせ方を工夫することや，出会った子どもたちがどのように感じているのか，その物とどのように関わろうとしているかをよくとらえようと意識することが，「プロセス重視型」の保育へと向かう手だてであるといえます。

（2）一日の保育の流れを効率的に運んでしまおうとしてしまうこと

　園生活の中で子どもが子どものペースで活動している時間をどれだけ保障することができるでしょうか。

事 例 3-4	ペンダントづくり	5歳児　12月

　ある日の夕方，保護者のお迎えを待つ時間，Cちゃん5歳児は，友だちへのプレゼントとしてペンダントを作ろうと思いついたようで，保育室の素材が置いてある棚からペンダントの土台となるダンボール，飾り用の枝や木の実などの自然物，リボンを持ってきました。Cちゃんは土台のダンボールを用意するとどのように飾り付けようか少し考えダンボールを見つめています。「よし」と小さな赤い木の実を指でつまみ接着剤を付けると，ダンボールのふちに目測でほぼ等間隔に並べ始めました。Cちゃんはペンダントづくりに夢中になっています。すると近くにいた保育者DがCちゃんに向かい「Cちゃん，また時間のかかりそうなことをしてるのね」と声をかけたのでした。

　Cちゃんはうつむいたまま黙々と小枝や木の実を付けプレゼント作りを続けています。程なくしてプレゼントはできあがり，Cちゃんは席から立つとダンボールの土台に接着した木の実や枝が取れないようにとそーっと棚まで運びました。保育者DはCちゃんからペンダントをサッと受け取ると，「はいはい，できたね」「じゃあもうすぐお迎えになるから，帰る準備をしてね」と帰りの支度を促しました。Cちゃんは保育者Dに促されるままに帰り支度を始めたのでした。

　事例3－4は筆者が保育者養成に携わるようになり，さまざまなインクルーシブ保育を行っている園を見学させていただき，改めて「成果重視型」の保育と「プロセス重視型」の保育を問い直しているときに，ある園で目にした保育者と子どものやり取りです。筆者は第三者の視点で客観的にCちゃんの活動を見ながら，Cちゃんが友だちへのプレゼントを作ろうとしている心の中の想いや，小さな木の実を目測で等間隔に並べているこの素晴らしい感覚に感心していましたので，保育者がCちゃんにかけた心ない言葉に驚きました。また，Cちゃんもこのようなことに慣れてしまっているのか，特に反応していないのです。

　この事例の中では，ペンダントづくりは透明化した活動のように扱われ，Cちゃんがどのような思いで作っていたのか，どんなところが難しく，どんなことを工夫したのか，保育者のはたらきかけからは全く子どもの思いを読み取ることはできません。

　保育者は関心がなかったわけではないと思いますが，時間帯を考えれば，夕方の帰りの時間ですので，保護者がお迎えに来たときにCちゃんを素早く引き渡せるように効率よく動くことに重点が置かれていたのかもしれません。

この事例だけをみれば，保育者はもっと対話的なやり取りを求められる場面だったのかもしれませんが，日々多くのできごとが起こり，やらなければならないことにも追われる保育の中では，一人ひとり，もしくは一つひとつの小さなできごとをつぶさに見とり，心を寄せその行為の意味を探るということは，よほど意識をしていないと難しいことなのかもしれません。筆者自身も効率よく「成果重視型」の保育の中でとにかく保育を進めていくことに意識が向いていた時期がありましたので，この事例に直面したとき「あのときの自分であったら，この場面に何も疑問をもたなかったかもしれない」と，自分の保育を振り返るきっかけにもなったのです。

　では，**事例３−４**のような場面に出会ったとき，どのような関わりをすれば，子どもの育ちを支えることになるのでしょうか。大切にすべきことはどのようなことでしょうか。Ｃちゃんがプレゼントをしようという行為は友だちを想う気持ちから沸き上がったものと考えられます。このような気持ちの起こりを大切にすることはとても大事なことで，後の人間関係にも影響してきます。

　保育者がＣちゃんの気持ちの起こりに対し「知りたい」という気持ちをもって対話的な関わりを意識していたら，その後の見方も全く違ったものになったにちがいありませんし，Ｃちゃんの気持ちを理解していたら，小さな木の実を等間隔にていねいに並べていたそのプロセスの一つひとつにも意味があることが理解できます。

　また，できあがったプレゼントに気持ちが込められていることに共感し，対話を大切にした関わりをもっていたとしたら，プレゼントは透明化したものではなく，Ｃちゃんが友だちを想って作ったものであるという意味をもって保育者とＣちゃんの間に存在したのではないでしょうか。

　お迎えに来た保護者も，今，このときのわが子の気持ちや行為を保育者が大切にしているということが伝われば，安心感が生まれ，より深い信頼関係を築けるにちがいありません。

　忙しい時間帯に効率的に活動を整理していくことも必要ではありますが，Ｃちゃんが保育者の心ない言葉に反応しなかったように，共感の欠如からは対話的な関わりは生まれません。瞬間，瞬間での子どもの行為に気持ちを寄せ「プロセスを大切にしよう」と意識していくことが一人ひとりちがった個性のある子どもの成長を支えていくことにつながっていくのです。

　これまでのさまざまな事例から，プロセスを重視することを意識した**「プロセス重視型」の保育がインクルーシブ保育を行ううえでは大切である**といえるでしょう。園全体でインクルーシブ保育をめざそうとしたときには，これまでの自園の保育のあり方を大きく転換させていくこと（第１章でいう「保育のパラダイムシフト」）が必要となります。それにはまず一人ひとりの保育者が「成果重視型」から「プロセス重視型」へと意識や考え方を変えてみようとしてみることが大切なのではないでしょうか。

（3）「プロセス重視型」の保育の中で沸き起こる不安

　「プロセス重視型」の保育では，保護者などからは，ある子がクラスのまとまりを乱しているようにみえてしまうことがあるかもしれません。ここでは，保護者と保育のプロセスを共有することを通してみえてくるものを考えます。

保育参観日　発達障がい児とクラスの仲間との関係　3歳児　11月

　保育参観日，園庭や園内ではさまざまなコーナーが設けられ，子どもたちはそれぞれに興味のあるコーナーで遊んでいます。保護者もわが子が遊んでいるコーナーを中心に，さまざまな場所に足を運び，それぞれの子どもが遊んでいる様子を参観しています。

　帰りの時間になり，子どもたちは自分の遊びに区切りをつけてクラスに戻っていきます。帰りの会の前にクラスの子どもたちで集まって椅子取りゲームをする時間を設けることにしました。

　U君はなかなか自分の遊びに区切りをつけることができず，加配の保育者が付き添い，片付けを促しています。クラスの子どもの大半は手洗いやトイレを済ませ保育者の周りに集まっています。保育者はUくんもクラスの一員であることを意識し，U君がクラスに戻ってくるのを待っています。

　ようやくU君が片付けを済ませクラスに帰ってきました。他の子どもたちは既に保育者の周りに集まり，手遊びや歌を歌って待っています。Uくんが戻ってきてみんなの輪の中に入ると椅子取りゲームの準備が始まりました。

　椅子を外側に向けて円になるように並べ一度座ると，保育者が椅子取りゲームのルールの確認をしました。Uくんは保育者のルール説明を聞くことと自分の椅子が重いことが気に入らず，床に寝転んでいます。しかしゲームが始まると，みんなの様子が気になったのか，椅子取りゲームの輪の中に入り，みんなの後についてリズムに乗って歩きだしました。

　保育者はUくんが輪の中に入ってきたことを確認しつつ，椅子取りゲームを続けました。Uくんはピアノの曲が止まると周囲の子どもを見て椅子に座り，曲が鳴り始めると周囲の子の合図で立ち，前の子に続いて歩き始めました。数回繰り返すうちにUくんは椅子に座ることができなくなりました。そして，友だちに促されると輪から外れました。

　ゲームが終わり帰りの会が始まると，Uくんは椅子に一人で座るのはいやだと泣き，保育者に抱っこを求めました。保育者はUくんを膝に乗せながら絵本を読んだり，手遊びをしたりしました。Uくんは満足そうな顔をしています。

　しかし，帰りの会が終わった後，Uくんの保護者から，「皆さんに大変申し訳ない」「ウチのUがクラスのまとまりを乱している」と話がありました。

　事例3-5では，Uくんの保護者は，Uくんの保育参観での行動が困った行動として映り，クラスとしてのまとまりを乱してしまっていると感じています。このような場合，保育者であるあなたは，Uくんの保護者にどのように対応しますか。

　インクルーシブ保育の中ではさまざまな特性のある子どもがいます。特性によってはみんなの和を乱しているような行動に見えるかもしれません。U君の保護者にも，Uくんの行動は和を乱す問題行動として映ってしまったようです。

　このような場合は，保護者とのていねいな関わりが必要になります。まずゆっくり保護者の思っていることや，考えを聞くことを大切にし，その思いを一つひとつ紐解いていくことが必要でしょう。そして何より最近のUくんに見られる成長の様子について伝えることが必要です。たとえばこの椅子取りゲームの事例で問題行動と思われることは，自分の遊びになかなか区切りがつけられなかったこと。ルールなどの説明が理解できないことやいやなことがあると寝転ぶこと，帰りの会に一人で座れないこと等があげられますので，そのような行動が起こる頻度や，どのようなときにその行動が起こるのか，またそれらの行動を問題行動としてとらえるだけでなく，どのような対応を

するとUくんが理解を示すのかなど，日常の行動のパターンなどがあれば伝えていきます。そして，その時々のUくんの気持ちも一緒に伝えていくことが大切なのです。

　また，みんなの輪の中に入ろうとすることや，周囲の様子をよく見たり，感じたりしていること，自分の感情を素直に表すこと等，できていることや，やろうとしていることについても保護者に伝え，保護者がUくんの成長を感じられることを大切にすることも必要です。

　このように子どもの様子について具体的に保護者に伝える場合にも，そこに至るまでの様子をプロセスで語れると，なぜそれをするのか，どのような思いでいるのかということを共有でき，保育者も保護者も互いに子どもの心に寄り添うという気持ちで子どもの成長を見守ることができるのです。プロセスで語ることで，保育がよく見えるようになり，語り合いが楽しい情報交換の場ともなるのです。

引用文献

1）刑部育子（1998）「ちょっと気になる子ども」の集団への参加過程に関する関係論的分析. 発達心理学研究　第9巻，1-11
2）美馬正和（2012）保育者は「気になる子」をどのように語るのか. 北海道大学大学院教育学研究院紀要　第115号，137-152
3）大野和男（2013）クラスメートとしての「気になる子ども」. 鎌倉女子大学紀要　第20号，49-57

参考文献

・厚生労働省（2019）子どもを中心に保育の実践を考える—保育所保育指針に基づく保育の質向上に向けた実践事例集—
・厚生労働省（2020）保育所における自己評価ガイドライン（2020年改訂版）
・厚生労働省 保育所等における保育の質の確保・向上に関する検討会（2020）議論の取りまとめ「中間的な論点の整理」における総論的事項に関する考察を中心に
・文部科学省（2018）幼稚園教育要領解説
・厚生労働省（2018）保育所保育指針解説

（写真提供：聖愛園）

（写真提供：聖愛園）

第4章 園での実践① 一人ひとりに向き合う
〈葛飾こどもの園幼稚園〉

園の概要

園の特徴

キリスト教保育を柱として，自由保育や異年齢保育の検討が繰り返され，障がいのある子どもやその保護者と共に保育をつくり出しています。時代により「障がいのある子ども」をクローズアップして焦点を当ててきましたが，近年，インクルーシブな保育をめざし「一人ひとりの子どもと向き合う保育」を通して，「保育の質」を意識し高めることにより「誰もが大切にされる保育」となっていくことに重点を置いています。

保育の理念

一人ひとりの子どもが神様により無条件で愛されていることを基本として保育がつくられていきます。どのような子どもであっても，その子らしさやよいところがあり，そこに目を向けよいところを子どもたちと，そして保護者の方々と共に共有し支え合っていく保育を大切にしています。子どもが育つためには，生き生きと仲間と生活する大人の姿が大切であり，子育てを通して大人が学び育っていく生活をめざしています。

園の歴史

1953（昭和28）年，東京都葛飾区にキリスト教の教会が建てられ，翌年5月にその教会の中で葛飾こどもの園幼稚園として保育が始まりました。1963（昭和39）年に障がいのある子どもが入園し，数年後「障害児クラス」が設けられ，筑波大学系の大学院生や先生と共に「行動療法」など，個別，グループで行う療育的な指導が繰り返され研究されてきました。1985（昭和60）年に障がい児クラスが解体され各クラスの所属となりましたが，グループでの指導や活動は残り，午前中の自由遊びの時間帯に1時間ほど障がいのある子どもたちが十数名集められ行われていました。その後，その場のグループ活動は"誰でも参加できる場所""出入り自由な場所""ていねいに見守れる遊びの場所"というようにかたちを変えていき，2004（平成16）年に関係する大学教授より「インクルーシブ保育」という視点が示され，その視点による保育の振り返りや研究が行われています。2012（平成24）年ごろからこのグループの解体が始まり"園全体で見守りとらえていく"という研究が繰り返され，現在，子どもや保護者が困難を抱えた苦しさなどを，自然と出し受け止めることのできる関係性に重点を置き保育を行っています。

園の体制

2022（令和4）年度現在においては，園児数110名ほどが在籍し，幼稚園教諭15名（うちパートタイム勤務者4名），預かり保育や乳幼児教室，未就園児クラス等は，スタッフ15名程度で運営を行っています。外国籍をもつ保護者10名

弱，障がいのある子ども16名，家庭環境も含め支援など助けを必要とする子どもや家庭十数組ほどが在籍しています。

　クラス構成は，異年齢クラスが4クラス，1クラス23名（3人担任），満3歳児クラスが1クラス15名（3人担任）で保育を行っています。各クラスの3名の担任は「補助者」という設定はなく，3名全員が幼稚園教諭として，共にその日の保育を振り返る担任であることを大切にして，また，クラス内で活動を完結することなく，他クラスとの連携や支え合い，見守りによる情報交換などを促進させることに重点を置く保育としています。そして「保育支援コーディネーター」として全体に意識を配る保育者を立て，幅広くコミュニケーションをもち，今，目をかける必要のある子どもや保護者，グループを大事にしながら，保育者間の連携をつくったり保護者との話の場や療育機関との関係づくりにも，各クラス担任と連携しながら意識をもつよう心がけています。

一日の流れ

8：30〜　　朝のゆったりとした時間の関わりとコーナー活動による遊び

登　園	・徒歩，園バス，自転車，自動車など（8：30〜9：30）
朝の仕度	・担任保育者にあいさつをして，出席シールを貼りかばんをしまう
朝のコーナー活動	・クラスを中心に遊び活動するが，園庭や他クラスでの遊びにも参加。毎日継続していく遊びがつくられる
	・素材を生かしたコーナー活動が毎日繰り返される 　特に，砂，水，泥，紙や布，ダンボール，木工製作，“ごっこ遊び”など 　片付けの後，各クラスで集まり集会
	・あいさつをして名前を呼んでもらい，お祈りをして一日を始める

11：30〜　　クラス全員が集まり，生活場面のクラス活動

クラスでお当番	・動植物のえさ作りや水あげ，クラスの片付けや清掃
お弁当	・食事の準備と手洗い・うがい，グループに分かれ食事のお祈り
絵本の読み聞かせ 　や素話（すばなし）	・7，8人のグループに分かれ，毎日お弁当の後に繰り返す 　また保育者の言葉だけで語る物語も楽しむ

12：30〜　　午後はクラス活動（季節によっては②，③のかたちを変えた保育活動も）

① クラス活動	・絵画製作や音楽リズムなどを園庭や遊戯室も使い活動
② 年齢別活動	・同年齢の子どもたちの活動。特に年長児の林間保育（お泊り保育）や青空フェスティバル（運動会），クリスマス前後
③ グループ活動	・おもに3学期の劇遊びに向けた活動で，クラス単位でたてわり2グループをつくり，保育者との仲間遊びを通した活動

13：30〜　　各クラス「さよなら」の集まりとバス待ちの外遊びの時間

帰りの仕度と集まり	・静かに一日を振り返り守られた感謝をして一人ひとりとあいさつ
1バス出発	・1バスの子どもたちは，点呼をとりバスに乗りこみ出発
2バスと外遊び	・遊んでいた2バスの子どもたちは集まりバスに乗る
3バスとお帰り	・2時半には3バスが出発をし，お迎えの子どもたちも降園

14：00〜　　希望者が参加する，保育後にそれぞれの楽しみを広げる活動

預かり保育	・毎日，15名から25名ほどの子どもたちが集まり，過ごす
その他の活動	・年長コーラス，美術教室，体操教室

1. インクルーシブ保育の工夫，プログラム

（1）一人の子どもを知るための保育，環境づくり

　本園の特徴的な遊びの時間として，毎朝午前中の**コーナー活動**（園全体に広がる自由遊び）があげられます。素材（砂，土，泥，水，紙，空き箱，ダンボール，毛糸，布，皮，木切れ，木の枝，木の実や種など）や道具の準備がなされ，園全体を使ってクラスの枠組みを超えて友だちや保育者と関わり，遊びが展開されます。子ども自身が時間をかけて，楽しかったできごとを作ったり描いたり踊ったりして，自然と気持ちを表現しながら，自分の居場所や遊び，友だち，仲間，ルールなど「ものごと」をつくり出していく生活としています。

　このような生活や遊び場面においては，先生の号令により皆と同じ行動をしたり同じものを作ったりするということが行われるのではなく，自分のペースで自分の好きなこと，好きな居場所，仲間が尊重され，その場や時間が大切にされるということです。大切にされるということは，たいていの行動や遊び，いたずら，まちがえや失敗に見える試行錯誤しながらの遊びなどに対して，余計な声かけや注意が繰り返されたり，大人の価値観を正しいものとして教え込まれるのではなく"子どもらしく表現する世界"に対して理解をもって子どもの目線で向き合うということです。これらのことを大切にするために，自分で仲間や居場所，遊びをつくり出していくことのできる，**子どもが主体となった遊び場面や生活となることを第一に考える，子ども主体の保育**としています。

1）一人の子どもに焦点を当てる保育（個別的に関わる遊ぶ環境）

　午前中に毎日展開しているコーナー活動の時間に，年長男児Sは，仲間と遊べないときやいざこざが起こりむしゃくしゃした状態のときなどに少人数で静かにものを作る場所によくやってきていました。この時間帯に数か月ほど少人数で共に遊んできたSにその担任ではない保育者がぬいものをしながら何気なく「なんでいつも歌の練習になると外に行っちゃうの？」と問いかけると，言葉で表現するよりもいつも体が先に乱暴に動いてしまうSがおもむろに「おれ，みんなと歌うの難し

い…」，「歌は好きなんだけど長いと覚えられないし…」と，仲間の中でうまくいかないことをぼそっと話し出すのです。このような会話からSの気持ちや思い，状態を想像しながら，だったら二人で練習しようかとか，文字で書いてみると覚えやすいよ，などとSに合わせた保育がつくられていくきっかけとなっていきました。このような場合，何か聞き出すために場をつくるのではなく，保育者と少人数で静かに遊ぶことのできる環境を整え，自然と話し出すような遊び場面となることを大切に考えています。

　このように遊びを通して深くつながり，自分のうまくいかないことや苦しいことを話し出したり，また，中身のある対話につながっていくことを大切にしています。聞き出そうとするのではなく，**楽しい雰囲気の中で信頼する人と対話しながら支えられることのできる保育**となります。

2）二，三人のいつものメンバーと遊びを楽しむ

　友だちと遊び始めたり，関わりをもつことに難しさを感じているであろうと思われる子どもは，さりげなく寄り添い，ぬいものや毛糸を木の枝などに巻き付けるなど誰にでもできるような単純作業（はじめは遊びというより作業的に行われることが多い）を静かに作って遊ぶことにより楽しむ姿が見られるようになります。このようなとき，その子に合わせた興味や遊びを知り，個別に関わり始めていくとたいていの場合，子どもによっては一週間ほど集中しいくつも作りたくなるような場となり，日常的な何気ない会話もできるような関係がつくられていきます。作ることに"見本のように同じものを作る"とか，遊ぶという行為に"まちがえるという概念がない"ということが自然と感じられるように，子どもの思うままに作業が進み，どのような状態や進め方であっても「ちがうよ，まちがえたね」ということはなく，「面白いね，素敵だね」と声をかけます。保育者は作らせる，作業をさせるために場を共にするのではなく，一緒に作り楽しんだり思いを共有するように場の雰囲気をつくっていきます。このような雰囲気がつくられていくと，自然と子どもが一人，二人とやってきて真似をして遊び始めますが，常に，その寄り添う必要がある子どもを中心にするように意識して，子ども同士の関わりや会話が弾むよう遊びの場をつくっていきます。関わりや会話，遊びがお互いにとって楽しく必要となること，相手がいることでワクワクする遊びとなること，ルールを守ることや相手を気遣うことによりゲームや遊びが楽しく展開されるようになる経験

を繰り返し実感し，その都度伝えるように進めます。

　お互いに遊びを楽しめるような二，三人の**友だちとの時間を，保育者が調整役となりさりげなく遊びの展開をサポートしていくこと**により "友だちとやり取りしながら楽しかった" という経験が積み上げられ，楽しむために自身の気持ちを少しずつコントロールしようという生活へと変化していきます。

（2）さまざまな子どもたちの集団である異年齢保育

　異年齢クラスを導入して35年ほど経ちますが，現在，その意味を改めて考えてみると，支え合い学び合う自然な子ども社会のかたちであること，また，これからの子どもたちが多様な人々の中で生活していくことを考えるときに，クラスの子どもたちに対して一律に何かを "教えること" や "させること" を求めるのではなく，クラスの子ども全員が考えも理解力も家庭環境もちがっていることが当然であるという理解をもって生活をしていくことが前提であると感じています。ですから，一人ひとりの思いに耳をかたむけ，その子に合わせた保育や生活をつくっていくことに重きを置くことが "異年齢保育" の考え方となったように感じています。

１）保育者と対話し考え，子どもたち自身が仲間とつくっていく保育（子どもに任せ信じる）

　私たち保育者は，子どもにさまざまなことを教えることにより成長していくと考えがちなところがありますが，この異年齢保育の考え方の根底にあるのは，子ども同士が教え合い，真似をし合い，助け合い，支え合いながら，子どもたちのペースで「ものごと」をつくり出していく保育であると考えています。もちろん保育者の存在がなければ始まらないのですが，保育者は上に立ちすべてのことを "教え導く人" とするのではなく，子どもたちの声や思いを聞き共に考える存在となることが理想であると考えます。大人が考える一般的な世間体を意識してつくられてきたような価値観や考え方を一方的に押しつけるのでなく，突拍子もない行動や考え方を受け止め，保育者自身も考えさせられます。大人が思う答えや正解，都合を伝えてみることもありますが，子どもたちのさまざまな思いや行動から感じるときに，その思いや気持ちを受け取り生かし実現していくことが，より子どもたちを主体的な生活へと導きます。その過程は不安定で不確実に見えるかもしれません

が，その寄り道をするようにさまざまなできごとを経験し試行錯誤する生活は，数年という時間をかけて"子どもたち自身で生活している"という自覚につながっていくように感じています。このような生活から，子どもたちが自覚をもってルールを身に付け，友だちや年齢の小さな子どもたちを支え，保育者と信頼関係を保ち，自分の意見や思いを表現し，人とのつながりを求め楽しむ子どもたちへと成長していくと考えています。

２）子どもらしい遊びや行動を肯定し，その姿から大人が学ぶ保育（子どもと生きる）

大人であり保育者である私たちにとっての子どもたちとの生活は，さまざまな学びを与えてくれる場となっています。保育者は子どもたちを目の前にして常にゆらぎ，あわて，まちがえ，反省を繰り返しているのが日常です。よく考えてみると筆者自身も常に明確な答えをすぐに出すことができるわけではなく，常に迷い，他者と話し合い，本を読み，研修を受けています。そして，その学びの中心となっているのが，その子の思いや気持ちを読み取ろうと見守り，共に汗をかき，観察を繰り返している保育の現場です。そこには，常に保育者の想像をはるかに超えるできごとが繰り返され，大人が考えたことのないような子どもの世界，子どもらしさ（素直さや残酷さ，無意識な表現，人を見抜く力，甘える力…）であふれています。どれをとっても大人である私たち自身の姿なのですが，大人を装うと表面に出すことなく隠したり，また忘れ去ってしまっているものも多くあるように思います。これらを子どもたちは常に私たちに見せてくれていると感じるのです。ですから，単に子どもの世界のことではなく，人として，そして保育者として成長していくための，一人ひとりの大人の問題として常に向き合う必要があるということを，保育を通して思わされています。

（3）保育者間やクラス間の連携と支え合い

この保育で大切なのは"担任一人で抱え込まない"ということです（第1章でいう「保育者を孤立させない」こと）。担任一人では限界がありますし，一人の保育者の見方や考え方，感覚だけで決めつけて保育を進めていくことにもなります。さまざまな立場やちがった感覚での視点が必要となり，複数名でその日の保育を振り返ったり報告したりを繰り返すことにより，そのとき必要な一人ひとりの子どもの状態や様子などが見えてくるようになってきます。必要があればその**情報をクラス間や園全体で共有し一人の子どもを全体で意識し情報が集まる**ようにしていきます。

このような保育が行いやすいのは，午前中のコーナー活動が園全体に広がりどのクラスの保育者も関わり遊ぶ場面が多くつくられることや，午後の時間に行われる年齢別活動時にはクラス担任でない保育者が担当することなどがあげられ，1クラス三人担任となっている保育者がさまざまな保育場面で複雑に関わり合い協力する関係にあることです。また，この関係づくりにおいて大切にしていることは，園の公式なケース会議や打ち合わせ，定例の職員会議だけではなく，一人の子どもの問題となる行動を把握し皆が意識をもち，園としてのそのときのねらいを明確に共有することです。そして，各保育者もクラス外に出て，他のクラスの子どもたちと関わり遊ぶことが自然であるという保育の進め方や特徴が大きく影響していると考えています。

この保育を進めるときに大事にしていることは，園全体に目を配ることのできる保育経験の長い者を「保育支援担当者」として配置し，会議や面談の機会をつくったり，今必要な情報を流したりと人と人のつながりをつくり出しています。保育支援担当者のはたらきにより，皆が意識し始め，

情報が集まり，そのとき必要な保育が行われ，その保育による子どものエピソードを共有することでまたつながりが深まっていきます。他クラスの保育者に子どもの情報をもらったり，クラスの保育に入ってもらい助けられ支えられた経験が，今度は自分が他クラスも支えようという意識につながっています。

（4）保護者がつながる環境をつくる，考える

　インクルーシブ保育をつくっていくのに重要であると考えられるのが"保護者同士のつながり"です。このつながりや支え合いが土台となって，さまざまな子どもたちが肯定的に見守られ理解が始まります。どのようなときにも，そのままの自分を肯定的に見守られていることは本人がはっきりと感じ取り，自分は受け止められている，ここは居心地がよい，人と一緒は楽しい，周りの人たちは喜んでくれているなどと感じる生活をつくっていくことが幼稚園や保育所等でのインクルーシブ保育の基本ではないかと考えます。

　幼稚園等に親子で入園するということは，初めて子どもを集団に預ける，また，親としても集団に属するという緊張感のある生活が始まるのですから，子どもだけのことではなく，大人にとっても重要なこととなるのです。保育を行ううえで，保護者の日常が安定していることは，子どもの健康的な生活を考えるうえで不可欠な事柄でありますし，保護者が幼児の生活のことしか考えられず神経質になり悩んでばかりいるようでは本末転倒です。

　これらのことから，保護者同士がつながり支え合うことのできる園生活とするために長い期間をかけてつくってきたものをいくつか紹介します。

1）保護者会などで仲間と思いを共有する

　本園では，**保護者会**が毎月1回行われ，園から，その時期大切にしていることが話され，その後クラスに分かれて保護者が子どものことを話し合います。異年齢クラスですので年少児保護者が子育ての心配ごとを話し，先輩保護者が自分の数年前を思い出しながら熱心に話を聞き「大変だよね」「私のときも同じ思いだったよ」などと，今となれば笑えるようになった当時のエピソードを

話してくれたりしています。子育ては一人でがんばるものではなく仲間を頼っていいんだよ，いつでも話してね，という空気がつくられていきます。自身の失敗や苦しいことをなんでも話ができる，また，話のできる先生や友だちがいるという生活となっていくことがインクルーシブな保育につながっていくためには重要であると考えています。

　また，2つ目の保護者会としては，毎月1回，支援を必要としているお子さんを育てる保護者の集まりがあります。40年ほど続いてきたものですが，以前は障がい児を育てるお母様方の集まりを園が主導して場をつくり行っていましたが，ここ十数年は保護者の方々が主体となり進めたり，新たな企画を生み出しています。また，支援の内容の違いにより，より小さなグループでの集まりや情報交換の場が動き出したりして，保護者の活動として園の保育時間外に行うものも生まれてきています。

　これらの集まりでは，障がいがあるからではなく，現時点で子どもや保護者自身が困っていたり苦しんでいるということや，数年先を考え準備をしていく必要を感じる人が集まります。大切にしていることは，まずは，子どものことを笑って話ができる場所となること，保護者自身が親としての思いや気持ちを素直に吐き出せる場所，仲間となっていくことをめざします。自身のことを話し出し，同じように思う大人がいることやさまざまな状態の子どもや生活があることを聞き，涙して共感できる場となっていきます。そして，小学校や中学校，時には社会人としてがんばっている卒園児の母親が話をしに来たりなど，長期的な視点をもち今後の生活をイメージしながらの，情報交換の場としても生かされています。

　3つ目は，食べること，けんか，絵本についてなど，テーマを決めて園が主催する保護者会も月1回行っています。さまざまなことを子どもの生活を通して話し考えを深めていったり，保護者同士が思いどおりにいかない子育てを話すことができる場となっています。また，園が大切にしている子どもの生活や，今子どもに必要と考えていることを話しながら同じ方向を見ながら子どもたちの生活を見守る集団となっていくことを大切にしています。この話し合いの場では，保護者自身の幼少期の生活を思い返し振り返りながら進められることがよくあります。自身の子どものことだけではなく現代の子どもたちを目の前にしてどのようなことを考えていかなければならないのかなど広い視野をもって話がなされ，支援の有無に関係なく参加し行われています。

2）保護者同士が仲間をつくり出していく園生活

　子どもたちの生活には多くの活動がありますが，これらは保育者と子どもだけで行われるものとせず，**保護者の方々や卒園児，園関係者も共に参加いただくこと**により，より豊かな学びある生活となると考えています。学びある，ということと同時に，人と人がつながり合い新たな輪をつくり出し，支え合う生活にもつながっていると感じています。

　園活動としては，子どものお誕生日会の劇作り，そのお菓子作り，園外保育への参加，お餅つきの企画と準備進行，運動会でのオブジェの作成，土曜日お茶会のサークル活動などがあり，保護者の方々が子どもの園生活をより豊かなものとするために活躍しています。また，保護者活動としては，保護者が製作したもので保育中に子どもと遊ぶサークルから，手作りサークル，災害援助，おさがり交換会…まで20ほどのサークル活動があり，子どもたちと関わったり保護者同士の交流を深めたりしています。子どものためのお菓子作りをするサークルやコーラスなどは30数年も続く活動もあり，たてのつながりが長期にわたり続き，子どもが社会人となっても付き合いが続くとい

うように生涯にわたるつながりともなっています。また，「おやじの会」の集まりでは，卒園保護者と在園する保護者たちとの共同の園活動が行われていたり，園を離れた趣味を楽しむ仲間活動として70歳代から60，50，40，30歳代が共に楽しみ，スキーや登山，サイクリング，バーベキューといったように家族での付き合いも続いています。

　よく聞く話なのですが，幼稚園というすべてのことが初めての集団に赤ちゃんや未就園児を抱えたお母さんが遠足やハイキングに参加を考える際に，「父親が休みを取ることができないので参加できません，お休みします」と早々に返事をもらうことが多くあります。確かに，山を登るようなハイキングであったり，雨の中を歩く遠足などでは当然の判断なのですが，ていねいに説明し園側のできる準備をお伝えして参加することになると，遠足終了後に「小さな子ども二人も抱えて楽しめました」「みんなが声をかけ助けてくれました」「何も心配することありませんでした」と話してくれるのです。おじいさん，おばあさんも含めて，さまざまな人たちが当然のごとく参加できる園生活であるからこそ，障がいが"ある"とか"ない"ということは関係なく，目の前に助けが必要な方や子どもがいるならば，自然と手を伸ばし支えてくれる関係が積み上げられ受け継がれていく日常がつくられていきます。

2. インクルーシブ保育の事例
―インクルーシブ保育を通して子どもとつながる

事例 4-1　**友だちと一緒に活動できない，遊べない年長男児**

遊びを通してAくんの思いが出てくる

　Aくんは年中のときに保育園から転園してきました。入園当初は，周りの子どもたちに「うるせぇ！」「ぶっ殺すぞ」「バカやろー」と暴言を繰り返し，荒々しい態度でした。クラスでの仲間活動への関心は薄く感じられ，お弁当の時間も立ち歩き，常に参加せずに園庭へと飛び出して行く毎日でした。年長時の担任たちは，大きな声を出し暴れ，飛び出して行くAくんにクラス全体が落ち着かず，乱されているような思いになり戸惑いと焦りを感じていました。1学期の後半になると，午前中の自由遊びのときにAくんは担任ではない保育者Bの製作コーナーに時々やって来るようになりました。それは決まってみんなが遊び終えた静かな時間帯で，作り始めると落ち着き，別人のような穏やかな口調で関われるのです。本当のAくんはどんな姿のだろうか？　という思いをもち始めていました。

　年長児の一年はコロナ禍で，休園や分散登園でのスタートでした。保育者Bは，お弁当でもクラス活動でも常に飛び出して行くAくんに，なぜ？　という疑問と，担任はどう考えているのだろうか？　との思いばかりが浮びました。2学期になっても，Aくんは常に怒ったような態度や暴言で，クラス活動には参加せず出て行くことが続きました。一緒に出て行く子どもたちも出始め，クラスはまとまるどころか，全く活動ができないこともありました。担任保育者Cは「Aくんが全く落ち着かない」「他の子も誘って外に行くので，クラス活動にならない」「よいところが見つからない」と，どのように関われはよいのか，クラスをまとめていったらよいのか，困り果てていました。保育者Bはそのつぶやきから，Aくんを知ることへの試みの必要性を感じ始めました。

　当初は自由遊びの時間帯に観察をしてみましたが，皆が一緒に活動するAくんのクラスに身を置かな

ければ，Ａくんの困り感や子ども同士の関わりの様子
が見えてこないと感じ，それぞれのクラス担任に相談
し，Ａくんのクラスで実際に活動させてもらうことに
しました。年長児８名での小さな活動を計画し，登園
したＡくんにこっそり相談をすることにしました。
「今日，お弁当の後，ほし組の年長さんと遊ぼうと思
うんだけど，どう？」「いいよ。別に」「やりたいこと
ある？」「あやとりと，針のかばんがいい」。それは，
いつも自由遊び場面でＡくんが保育者Ｂと一緒に遊ん
でいる得意なことでした。まずはＡくんの得意な"あ
やとり"から始めることにしました。Ａくんがみんな
に毛糸を配り，保育者Ｂの隣に座り自慢げに何度も作
りますが，キャーキャーと笑いながら作る友だちの中

ではなぜか，言葉少なげでした。その様子から，みんなに肯定されるような場面がつくれるのではない
か？　と感じました。あやとりを作れない友だちの姿をじっと見ていたので，「ほうき作れる人，教え
てくれる？」とみんなに声をかけると，Ａくんはすぐに「教えてあげる」とていねいに教え始めまし
た。自分の得意な二人あやとりを一緒にやりたいようでしたが，そのことを言えず声をかけられるのを
待っていたので，「先生にも教えて」と言うと得意げにやり始め，「Ｂ先生の隣に座ってよかった」とつ
ぶやくように伝えてきました。やりたいこと，伝えたいことがありつつも，仲間の中で自分の思いがス
トレートに出てこない様子を感じました。

　次はかばん作りをすることになり机を用意すると，パッと保育者Ｂの隣に来て，「先生の隣でよかっ
た，いろいろ聞ける」と，ちらっと保育者Ｂを見ながらつぶやきました。材料を見せると，「かばんだ！
俺わかる！　俺，やったことあるから一番にできる！」と，自慢げな様子に驚きました。Ａくんは「難
しい，できない」と言う子に教えたり，「先生ここどうやるの？」と保育者Ｂに声をかけ，穏やかな時
間が流れました。自分が難しいことを素直に保育者に伝えたり，わからない友だちに教えてあげ「すご
いね」「ありがとう」と言われ照れる様子から，"友だちに必要とされた喜び"を感じているようでし
た。かばんを作りながら年長児たちの何気ない会話が始まりました。
Ａ「いつもつまらない生活だけど，今は楽しい。楽しくなってきた」
保「つまらなくないでしょ～。ほし組いつも楽しそうだよ」
Ｈ「楽しいけど，厳しいときもあるんだよね。いろいろ厳しい」
保「厳しいの！　でもひかり組もにじ組も，厳しいよー‼　ほし組っていつも楽しそう。ほし組ってど
　んな感じ？」
Ａ「面白いけど，わからないときに教えてもらえない」
保「教えてほしいの？」
Ｎ「そう，自分で考えないといけないからね。でもわからなくてドキドキするけどね」
保「わからないとき，教えてって言えばいいんじゃない？　教えてくださーい，教えてくださーいって」
　　　（保育者Ｂがふざけたように言うと，みんなで真似をしてふざけ始める）
　「そんなの言えないよー」と子どもたちは笑い出しました。「Ａくんも"教えて"って言えばいいんじ
ゃない」と保育者Ｂが聞くと，Ａくんは首をかしげながらうなずきました。

楽しい雰囲気の中，いつもの暴言を吐くような様子とはちがうAくんの「先生の隣に座ってよかった」「わからないときに教えてもらえない」とのつぶやきに驚きました。何気ない会話でしたが，クラスの子どもたちも思いを出し始め，「困っているのは自分だけではない」ということを感じ始めたようでした。この様子を担任保育者たちに見てもらい，保育後にAくんのつぶやきや様子を関わる保育者で共有しました。翌日，Aくんは「昨日の続きがしたい」と，園庭でいろいろな子どもたちと一緒にかばん作りを行いました。

事例 4-2 　周りの状況が見え始め戸惑う年長児—知的な遅れのある子

S子の仲間活動での戸惑い

●遠足での様子（担任でない保育者B）—S子の言葉が気になり出す

　S子のクラスの子どもたち（年長8名）が繰り返してきた"宇宙ミッション"というテーマをもち，遠足で公園の広場で追いかけっこが行われていましたが，S子はクラスの子どもたちから一人離れてたたずむ姿がありました。保育者Bが子どもたちの様子を見ていると，S子はそばにやってきて「みんな何しているの？」とつぶやきました。ふいに始まった追いかけっこがよくわからなかったのか，戸惑ったのか，と保育者Bは考えました。S子はクラスの子どもたちの遊ぶ姿をあまり気にする様子はなく，保育者Bのそばで過ごしていました。

　その後も，その時々に始まる子どもたちの遊びや楽しみ（がけ滑り・かけっこ・花摘み）をじっと見ながら，「これSもやるの？」とつぶやき，保育者Bの隣に来て手をぐっとつなぐ姿がありました。「今は○○をする」という活動ではなく，子どもたちが関心を示したことや環境を利用して始まる遊びを感じ楽しみだすことが難しい？　そのことでS子は「今何をしたらいいのか？」という不安を感じているように見えました。バスへの帰り道，クラスの子どもたちが「ノース，サウス，イースト，ウエスト!!」「ハウ，ミステリー」と暗号を繰り返す中，「これ難しい…覚えられない…」と小さな声でS子がつぶやきました。クラスの仲間で盛り上がり保育の広がりを感じていた活動でしたが，S子にとっては"よくわからない，難しい…"と感じていたように見えました。

●木工遊びを通して—S子の思いに触れる

　夏休み明け，S子は涙ぐみ登園を渋る様子がありました。部屋の前に立ちすくみきょろきょろと周りを見回しては部屋に入ることを躊躇し続ける姿が，遠足での戸惑う様子と重なり，保育者Bは気になりだしました。幼稚園生活3年目のS子が，毎日の朝の仕度に対し何に戸惑っているのだろうか？　「おはよう。お部屋行かないの？」と声をかけると，「S，わからないから…」。その一言に何に不安をいだいているのだろうかと思いをめぐらせるのでした。

　保育者Bは，さまざまな素材を使って子どもたちと作り出す遊びを繰り返し，そこでの子どもたちの姿や言葉に出会うことを楽しんでいたため，物を作り出すことが大好きなS子に「先生とんかちするけど，一緒にする？」と誘うと，リュックを背負ったまま「やる！」と木工小屋に走るS子。木片に釘を打ち続ける子どもたちの中で，S子は布や皮の切れ端を木片に打ち付け，周りの子の様子を気にすることなく独特な表現を楽しむかのように作り出していきます。保育者Bはその作品の面白さもさることながら，形にこだわらず，作ることに熱中するS子の様子に驚かされ，かわいく感じ「次はどんなものを作り出すのだろうか？」「S子が喜ぶ素材や材料は？」「S子と一緒に作り出すことをもっと楽しみたい」と感じていました。また，S子との時間や作り出した物，そのときの二人の思いを翌日からも共有したり振り返りたいと思い，小さなノートを用意し，絵を描いたり作品の写真を貼ったりして，S子のつぶやきを描いてみました。

　ある日，遊んでいるときにトイレに行きたくなったＳ子。「トイレ行ってくる」と動き出しますが，部屋の前に数人子どもがいるのを見ると「やっぱりがまんする」。しかし，がまんできないのか行こうとしては戻ってくることを何度も繰り返します。「先生一緒に行こうか？」と声をかけるとうなずきながら「絶対待っててね，いなくならないでね」と何度も念を押しました。また，Ｓ子の作りだす物がとても素敵だったので「友だちや先生に見せに行こう！」と誘うと，「いい…。Ｓわからないから。話すのわからないから…」。保育者Ｂと一緒にみんなに見せに行きますが，作品を見せるだけで何も言えないＳ子。あんなに楽しく生き生きと作っていた姿とのギャップに保育者Ｂは驚きました。

　その日は１時間半ほど作り続けました。「先生，明日も幼稚園来る？　Ｓは明日も来る。とんかちまたやる！」「Ｒくんにリレー速く走って！　と言われた。いやって思ったのよ」「明日は，プリンセス作るね！」と，保育者Ｂの膝に乗り話し続けました。翌日からもＳ子は繰り返しやって来ては保育者Ｂと一緒に作り続けました。

　お互いに好きな遊びを通して関わる中で，Ｓ子の素朴に作り出す物への驚きを感じ，Ｓ子と過ごし作り出す時間が楽しく，Ｓ子をもっと知りたいと感じるようになっていった保育者Ｂ。Ｓ子もじっくりと自分の好きなことやできること，自分の姿を喜び楽しんでくれる保育者Ｂに対し，心を開き始め自分の困り感を表現し始めたように感じられました。Ｓ子のつぶやく様子に触れる中で，保育者が感じている以上にＳ子は不安を感じていることやその気持ちを言葉で伝えることが難しく，そこにも困り感を抱えているように感じられました。じっくりと関わる中で，「先生と一緒だと楽しい」「先生と一緒ならできるかも」と感じ始めている姿から，今後Ｓ子がさまざまな気持ちを言葉で表現することを支えたり，仲間との思いの橋渡しをしながら，Ｓ子の関わりを楽しむ姿を思い，担任保育者と共有しながら保育がつくられていく期待を，保育者Ｂは感じ取っていました。

激しく動き回りルールなくなんでも試したくなる年長男児

Tくん，年長1年保育一周囲の仲間や保護者が気づき考え出す，出会い接点がつくられていく

　Tくんは1年保育での入園。保育が始まりましたが，他児はそれほど関心を示さず，Tくんからの関わりもほとんどありませんでした。保育者も新しいクラスに向かう気持ちが大きく，Tくんとの関わりはなかなかもてずにいました。セロテープを見つけると体中に巻き付けることが続き，子どもの作ったものを壊してしまい，怒ると裸になるTくんに保育者も「大変だ，これから大変そう」と"困った"という空気が流れ始め，Tくんの情報が少なくよくわからない中で安全を第一に考え，担当保育者が常に見守るように過ごすことが続きました。

●青空フェスティバル（運動会）を通して一お母さんも巻き込んで

　Tくんは療育機関を利用していることもあり，週に3日の登園。クラス対抗リレーにそれほど関心がないTくん。一緒に年長を担当していた保育者Y（8年目）は「Tくんも一緒に楽しめる作戦を考えよう！」と子どもたちに提案し考え始めることに。ある子どもは，そのことがきっかけとなり家でお母さんと一緒に楽器を作ってきました。「Tくん楽器好きだから，これがあれば一緒にできるかもと子どもと話して作ってきたんです」とお母さん。保育者と子どもの思いや取り組みが家庭にも広がっていくのを感じていました。

　クラスの保育者Yも子どもと相談し，「Tくん，赤が好きだから」と言う子どもの言葉に，何かできないかと考えだします。バトンに赤いテープを貼ってみたりしましたが，子どもたちと相談してTくんの好きなことやお家での様子をTくんのお母さんにお手紙を書き聞いてみることにしました。お母さんはTくんの好きなことや苦手なことをていねいに"新聞風のお手紙"を作ってきてくれて，みんなで一緒に読んでみて，話をしてクラスに貼り出してみたりしました。

　青空フェスティバル当日のTくん，リレーの準備で集まるときには，わけがわからず大泣きをして暴れるようにいやがりました。リレーには参加できないかも…と思いながら子どもたちと準備が始まりました。みんなが走り出し，徐々に落ち着き始めたTくんの番が近づいてきます。先生と一緒に手を伸ばし友だちからのバトンを待ちます。初めての会場で仲間の方に向かって走ってくれるであろうか？　と全員が半信半疑で見守りましたが，バトンを受け取ると，クラスの友だちを目がけて走り出したのです。その姿を年長児はもちろんですが保護者みんなが全員で大声援。そして年長保護者は皆号泣！　子どもたちと保育者だけでなく，保護者も子どもも保育者も心一つとなり動き出していることを感じた一場面でした。

●「バカがうつる」とはやし立てる子どもたち

　クリスマスクリブ（キリスト降誕の情景を表した人形など）を飾り始めたころ，Tくんは自分の並べ方があるようで毎日片言で「ひつじ，ご飯おいしい」「赤ちゃんおやすみなさい」と言いながら，動物や人形を触り，毎日のように動かしては変えていました。そんなある日，いつものようにクリブを触るTくんに「それ触っちゃだめなんだよ」と周りの子どもが言います。「だめ」という言葉に反応し，服を脱ぎ始め大きな声を出すTくん。いつもはクラスの中心にいてお姉さんとして頼りがいのあるAちゃんがTくんのそばで「バカがうつる」とはやし立てるように声を出し，数人の友だちと悪乗りし始めました。他の子どもたちも一緒になり「バカがうつる」と言い出します。幼稚園では聞くことのない言葉と"あのAちゃんが"ということに保育者は動揺し戸惑いながら，静かにAちゃんに声をかけてみました。保育者に声をかけられた瞬間，"いけない，しまった"と思ったのか，Aちゃんの目に涙がたまっていきます。

保「どうして，バカがうつるって思ったの？」

A「だって，いつもTくんクリブいじっちゃうんだもん。いじらないで，大事だからって言ったのに。

> 先生たちもこれは聖書のお話しだから大事にしてねって言ってた。でも赤ちゃん持って行こうとしたりした」
>
> 保「クリブ大事だもんね。Tくん持って行ったら困っちゃうね。でも，どうしてバカって思ったの？」
>
> A「…わからない…。でも年長なのに時々怒ってすぐに洋服脱いじゃうし，セロテープぐるぐる巻いちゃうし。一緒にお弁当食べないし」
>
> 保「そうだね，セロテープすぐなくなっちゃうし，どこかにいって困っちゃうよね。でも…"バカがうつる"って言われたTくんはどんな気持ちなんだろうね。うれしい気持ちかな？」
>
> A「…いやだと思う」
>
> 保「先生も聞いていて，うれしい気持ちにはならなかった。そんな言葉を言われたら，先生はすごくいやな気持ち。Tくんのお母さんもうれしい気持ちにはならないと思うよ」
>
> Aちゃんは保育者の話をぽろぽろと涙を流しながら聞いています。
>
> 保「どうして，Aちゃん涙が出るんだろうね？」
>
> A「Tくんにバカって言っちゃった。どうしてかわからないけど，言っちゃった…」

　このことは，保育後クラス担任間で共有しました。不安定な部分もありますが，いつもクラスの中心にいて小さな友だちに声をかけているAちゃんが，自分の言う通りにならず突拍子のない行動をとるTくんに対する，そのときの本心でもあったのであろうとも感じられました。これまでの伝え方や共に考える時間が足りなかったのかなど，ある意味保育者間で力不足を感じる"衝撃が走った"できごとでもあったのです。しかしながら，よいことばかりを口にする子どもではなく，時には，そのときの本心を出せるような空気があることには意味があるように感じられました。この年齢の子どもたちが，人との関係をつくっていくうえで，人に対してよい面もわるい面ももち合わせるわけですから，その両面をもっていることを自覚したうえで相手とつながっていく過程が大事ではないのか。幼児期に，本心を人前で抑え隠すようにばかり求められるとすると，わるい面は表出されず本当の意味での学びができるのかという疑問も湧いてきます。仲間となっていくときにマイナスとなるような発言や行動が出たときにこそ，そのことを通して子どもと考える時間がつくられ，そこに本当の意味での学びが生まれるのではないかと振り返ることもできました。

　そのとき保育者自身がどのような言葉で何を話し伝え，どう関わるべきなのか？　このことに決まった答えはなく，経験のある保育者であっても難しいとも話がなされました。子どもたちが自分とのちがいを感じていく過程においては，さまざまに表現をするが「だめ・いけない」という否定や指導ではなく一緒に感じ考える，保育者の思いを伝えるチャンスとしていきたいと改めて思わされたできごとでした。

　Tくんの事例を続けます。

事例 4-4 自閉症って言うんだよ…―家庭でお母さんと話し考える

　前日，Ｋちゃんと片付けをしているとき，思い通りにいかず大きな声で泣いているＴくんがいました。その姿を見て，「自閉症っていうんだよね」と何の躊躇（ちゅうちょ）もなくＫちゃんがつぶやきました。保育の中ではそのような言葉を使わないので，保育者は少し不思議に感じていました。翌日，Ｋちゃんがふらっと保育者のそばにやって来て昨日の続きのぬいものが始まりました。保育者は，昨日の言葉の続き，思いが聞きたくなり，針仕事をしながら話しをしてみることにしました。

保「昨日，『自閉症』って言ってたでしょ。テレビで見たの？　先生は自閉症のことテレビで見たことあるんだよね」

Ｋ「テレビじゃない」

保「それってどんなことなのか，どんな人のことか知ってるの？」

Ｋ「学校って厳しいからふざけていたり，テープを身体にぐるぐる巻きにしていると怒られると思う。Ｔくんいつもテープ巻いてるから，ママに聞いてみた」

保「ママなんて言ってたの？」

Ｋ「考えるのが難しかったり困って怒っちゃったりする人がいるって。学校にもいろんなクラスがあるって」

Ｋ「明日，プラネタリウム行くでしょ。結構暗いしＴくんが話聞けるか，少し心配。（Ｔくんのこと）キライじゃないんだけど，心配になるときがある」

保「明日のプラネタリウム一緒に見られるといいよね。Ｔくんのお母さん，前に行ったことあるって言っていたよ。だから先生は一緒に楽しく見られるかなって思っている。Ｔくんのすごいところどこだと思う？」

Ｋ「みんな走るの速いけど，Ｔくんも速くてそれはみんなと同じ。動物が好きなところすごいかな？お弁当は一人で（別の所）食べているけど…」

保「どうして一人でちがうところで食べるんだろうね？」

Ｋ「Ｓくんはみんなの声がうるさくなるときがあるって言ってた。Ｔくん，Ａちゃんのこと好きそうだから，人がきらいなんじゃないと思う。やっぱりみんなの声うるさいのかな？」

保「どうして，Ａちゃんのこときらいじゃなくて好きって思うの？」

Ｋ「だってリレーのとき，いつもバトンＡちゃんに渡してたから。一日だけずっとＡちゃんに渡しているときがあった。だから，たぶんＡちゃんのこと，好きなんだと思う。でも，時々うるさいのは困るね」

保「そうだよね。あんなに泣かなくてもいいのにね。Ｋちゃんは，Ｔくんのこと好き？」

Ｋ「うーん…。好きなときときらいなときがあるかな。お泊り保育のときは好きだった。面白かったし，ご飯とか一緒に食べたでしょ。でも，いたずらしたり，大きい声で泣くときはいやだなーって思う」

保「お泊り保育面白かったよね。仲間で行ってね」

Ｋ「お化け屋敷したとき，Ｔくん怖がってたよね。あのときも泣いてた。幼稚園で怒って泣くと『イヤー助けてー』って言うよね」

保「先生はＴくんと積木したとき，動物いっぱい作って面白かったし，すごいなーって思ったんだ」

Ｋ「へー。一緒にやったことない」

Kちゃんは普段，表情を変えず気持ちを表に出さないことから，それほどTくんへの関心がないのかと感じていましたが，いろいろな姿に気づき感じていることがあるのだと，驚かされました。このようなことが子どもの言葉を通して家庭でお母さんと話し一緒に考える機会となっていることをうれしく思ったできごとでした。

3. インクルーシブ保育を実践して

（1）療育的な関わりから始まった園として

本園の保育は，60年前に障がいのある子どもを受け入れて保育を行い，40年ほど前から大学院の学生と共に療育的な作業を保育に取り入れ研究を繰り返してきました。このような過去をもつ幼稚園が変化してきたからこそ見えてきたことは，多様な人々や子どもたちと共に行われる園生活は，**特別なことを特別な人や子どもに考える保育ではなく，誰についても必要な自然な保育である**ということです。

初めて入園してくる子どもたちについては，どの子どもについても立ち止まったり自分の身の置き所が定まらずに不安定になります。逆に，障がいがあると診断されていたとしても友だちとの関わりや遊び場面がつくられ，困ることなく不安を感じることなく過ごしている子どももいます。ですから，ある程度環境を整えたうえで心地よく生活できている子どもについては，障がいがあるからといって特別な何かをしなければいけないと力を入れることはしません。障がいがあるとかないにより支援の必要を決めるのではなく，生活するうえで，また，遊ぶことや友だちと関わるうえで困っていたりつまずきを覚える子ども，また，この先，自分の力だけでは乗り越えることのできない困り感が出てくることが想像される子どもに対して，その子に合わせた保育をつくり出していくことに力を注ぎます。ですから，よく子どもの様子が見えていること，子どもを知るために保護者ともよく話し，**遊びを通して対話し，ていねいな見守りのできる保育**をめざしています。ですから，子どもたちが没頭できる，そして，本心をさらけ出せる遊び場面となるよう，遊びの質について継続的に深めていくことが必要であると考えています。

（2）人と人がつながる必要を改めて感じさせられている

長年の経験から感じていることは，子どもとの保育を充実させることは必要なことなのですが，それと同時に保育者と保護者，そして保護者同士の支え合いやつながりが豊かにつくられ，園の文化として受け継がれていくことにより，子育てや苦しむ子どもを本当の意味で支え合うことのできる，土台がしっかりと積み上げられたインクルーシブな保育となっていくように考えています。

保護者同士の関係でいうと，異なったクラスのお母さん同士でもあいさつしたり，「大丈夫？」，「いつでも声をかけてね」などと，声をかけ合い，ハイキングや遠足などで赤ちゃんや大きな荷物などを他のお父さんやお母さんがおぶったりして助けることは自然なこととなっています。そして，お母さんが体調を崩し動けなくなるとクラス内で「お弁当は作るよ」と声が上がり数週間毎日交代でその子のお弁当を作ったり，不安や心配を抱えているお母さんがいるとすぐに話を聞いてくれて，活動に誘ってくれたりする日常となっています。また，園活動で保育に参加することにより

異年齢のつながりもつくられていきます。たとえば，子どものお誕生月には，そのお母さん，お父さんが保育中に集まり子どもたちのために物語を演じてみたり踊りや演奏をします。子どもたち全員が集中して目を凝らしワクワクするように見聞きしている姿を感じながら演じる劇や演奏を通して，保護者のつながりが強くなり，この仲間のつながりこそが相手を理解して支え合う保育の土台となっています。

　このように本園の考え方として，周囲の仲間や保護者や大人たちのつながりにより **"受け入れられ支えられている"** という実感を子どもも保護者も保育者ももつことのできる園生活がつくられていくことをあげています。これらのことがすべてであるといっても過言ではないほどに園全体で取り組み大切に考えています。このすべての子どもたちにとって意味のある，そして人としての成長につながっていく保育は，保護者間で何世代にもわたり受け継がれ園の文化となっていること，保護者同士が継続的な活動を通して深くつながり合っていること，子ども同士が保育を通して真剣に遊び，笑い，けんかして知り合い，相手に興味をもって近づいていく生活など多義にわたります。このような大人の生活や理解も含めて "受け入れられ支えられている" を実感できる生活となってくると，どのような子ども，また大人であっても自身の居場所がつくられ，興味・関心のあることや人を意識して受け入れ，真似たり，学んだりを自然としていくようになります。どのような子どもであっても人に対して関わりたい，遊びたいという思いがありますし，誰でもその子なりに自ら学ぶ力をもっているのですから，一人の子どもを取り巻く周りが変化し成長して，その結果，受け止められ満足した生活さえあれば，自ら動き出し真似をしてその子なりに学んでいく力をもっているのです。そのために保育者は，日常の保育において子どもに合わせた環境を準備してそのサポートをしていくことが役割であると考えています。

（3）周囲が気づき考え，社会が変わるために

　一般的に，生活や友だちとの関わりに困難さを抱える子ども自身を成長させよう，共に活動することを楽しいと感じられるようにその子に対しての配慮に重きを置いて考えるのですが，本園ではその子を取り巻く周辺が，また，仲間や幼稚園が意識をもち変わることが重要であると考えています。インクルーシブな保育を追求していくと，社会の意識が変わっていくために幼稚園という小さな社会が何をすべきかということが問われているように感じています。これは，子ども

たちに対して特別なことを考え提案したり，同じことができるようになること，誰かを支えること，みんなと仲よくすることをめざすことでもないように思います。幼稚園という小さな社会の中で，多様な人々が生活する環境が当然となり，目の前にいる人や友だち，仲間とあたりまえにあいさつし何気ない会話をしていくということかもしれません。まずは，保育者自身が，どのような家族や家庭，大人や子どもであっても"支えていくよ，なんでも話してね"というメッセージを掲げて寄り添っていくことのできる，話しを聞くことのできる人であることが大切なのかもしれないと感じています。

　しかしながら，さまざまな家庭や子どもに対しても"寄り添う，理解する"ことは簡単なことではなく，常にまちがえ，失敗を繰り返しながら保護者との関係がつくられていきます。時に関係の修復が困難なこともあり教職員と共に悩みますが，これらすべてのことが大きな意味での保育の振り返りとなり学びとなるよう気持ちを合わせていきます。このようなときに，保育者だけで解決していくのではなく，保護者の方々の力が大きな助けとなり支えられていることも実感しています。仲間である友を気にかけ支え，共に活動し，話しを聞き付き合ってくれる保護者は，保育者だけではできないことを，また，見えない部分を補い寄り添ってくれています。保育者とはちがったこれらの付き合いや支えがあったからこそ，今があることを強く実感しています。

　このようにさまざまなできごとを越えて人と人の関係を積み上げていく生活の中で，インクルーシブ保育がつくられていくのではないかと考えています。子どもたちと対話しながら保育をつくり，保護者の方々とお互いに支え合いながら多くのことを学び考えさせられています。

　インクルーシブ保育とは，そこに集うすべての人が学び合い成長していくことのできる地域をつくりだしていく保育ではないかと考えています。

園での実践② 自由で主体的なあそび
〈愛隣幼稚園〉

園の概要

園の特徴

「子どもが主人公」を合言葉に，子どもたちの主体的で自由な"あそび"を中心に，安心と充実感のある生活を大切にします。また，心身に障がいや発達の遅れがある子，児童養護施設で生活する子どもたちも地域の仲間として積極的に受け入れています。子どもたちも大人たち（保育者・おうちの人たち）も仲間になり，生き生きと自分らしさを発揮できる，インクルーシブな園生活の実現をめざします。

保育の理念

「隣人を自分のように愛しなさい」という聖書の言葉を柱にするキリスト教主義の幼稚園です。子ども一人ひとりは神様に愛され，それぞれちがった賜物をいただいています。このちがう一人ひとりがどの子も輝いて力を発揮できること，そして互いにそのちがいをよいものとして認め合う仲間になることを大事にします。

園の歴史

1955（昭和30）年に愛隣保育園を閉じ，個人立の愛隣幼稚園として設立されました。1975（昭和50）年には，学校法人愛隣学園愛隣幼稚園となりました。1990（平成2）年に教育課程を全面改訂し，現在の保育の骨格が構築されました。2014（平成26）年には「子育て相談室」を開設，さらに2017（平成29）年に園庭園舎を開放した「あいりんひろば」を開設するなど，地域の子育て支援事業を拡充しています。2023（令和5）年より満3歳児保育を開始します（10月から）。

園の体制

クラス・園児数・保育者数は以下の通りです（2023年4月現在）。

	クラス数	園児数	保育者数
3歳児	1	17名	2名
4歳児	1	21名	2名
5歳児	1	21名	2名

一日の流れ

おおよそ，以下のタイムテーブルで動いています。この生活の流れは変えません。次項でふれます。

9：00〜	11：10〜	11：40〜	12：20〜	13：30〜14：00
登園〜自由なあそび	あつまり	昼食	自由なあそび	あつまり〜降園

1. インクルーシブ保育の工夫，プログラム

（1）子どもの自由で主体的なあそびを中心とする保育

　「インクルーシブ保育」とは，いわゆる障がいのあるなしにかかわらず，どの子にとっても安心して生き生きとその子のもつ力を発揮することができる園生活づくりをめざす保育であると考えます。どの子も輝くための子どもにふさわしい生活とは，**子どもの自由で主体的な"あそび"を中心にする生活**にほかなりません。「幼稚園教育要領　第1章　第1節幼稚園教育の基本」にも遊びを通して幼児期にふさわしい生活が展開されるようにと示されています。愛隣幼稚園ではこの"あそび"を中心に保育を展開していきます。

1）興味のあること，好きなこと，得意なことを見つけて

　子どもたちは登園すると身の回りの支度を終わらせ，それぞれが今日やりたいと考えてきたあそびを始めます。昨日の続き，今日から始める新しいこともあります。やりたいことが見つかっていないこともありますが，保育者が準備した環境や仲間のあそび，園庭などで出会った事象などからあそびが見つかります。みんなと同じプログラムに参加することが難しい子どもたちも，興味のあること，好きなこと，得意なことを見つけて遊ぶことができます。主体的に取り組むあそびは子どもを夢中にさせます。試行錯誤が生まれ，達成感や充実感を得ることができます。自信が生まれます。**自分をいいと思うことができると，仲間のこともいい，と思うことができる**ようになります。そうして過ごす園生活は安心感と満足感を覚える園生活です。それはどの子にとっても重要な園生活の基盤となっていきます。

2）どこで遊んでもいい

　「自由なあそび」の時間，子どもたちは好きな場所で遊びます。今日やりたいと考えてきたあそびができる場所は室内のこともありますし，室外のこともあります。また，自分が所属するクラスのあそびでないこともありますから，そんなときには年少であっても年長のクラスに出かけていっ

て遊びます。自由で主体的なあそびを保障するときには，遊ぶ場所についても自由に選べるようにする必要があります。人が多い場所，にぎやかな場所が苦手な子どもたちもいます。その子たちは比較的静かな職員室にやってきます。特に年度初め，入園当初に訪問者が多くなりますがそれも必要なことと考えます。**幼稚園が安心して過ごせる場所**になります。

3）誰と遊んでもいい，一人で遊んでもいい

あそびは出会いを生みます。面白そうなことをしていると子どもたちが集まってきます。一人で遊んでいた子が気の合う仲間を見つける機会にもなります。一人で遊んでいたときよりも楽しくなることを知ります。新しい経験をしたり，知らなかったことに興味をもったりすることもあります。うまくいくことばかりではありません。気持ちや意見がちがうときにはけんかにもなります。できること好きなことが皆同じでない，**わたしとあなたはちがう**，ということを知ります。さらに保育者の仲介に助けられながら考えを伝え，聞き，折り合いをつけて楽しく遊ぶ方法を考えていくという経験もするのです。

年少の子どもたちは頻繁に年長のクラスに遊びに出かけます。面白そうなことをしているからです。年少の子ども同士ではすぐにトラブルになることも，年長のクラスではそうなりにくいので，気持ちよく過ごすことができます。楽しいあそびのヒントをもらい，やり取りの仕方を自然に教えてもらい，やがて年少の仲間たちと自分のクラスの中であそびを展開していきます。実は**支援や配慮の必要な子どもたちも同様に，少し大きな子どもたちのあそびの中で受け入れてもらいながら，人の中で安心して過ごす**ことができるようになります。そして幼稚園の中に，大好きな人を見つけることができます。幼稚園は安心で好きな場所になります。同時に保障したいのは，"一人で遊んでもいい"ということです。音の大きさや人の多さ，人と関わることが苦手な子どももいます。その子にとっても幼稚園は安全で安心な居場所でありたいものです。誰でも安心を得られることが次の一歩の足がかりになります。

4）遊ぶ時間はたっぷり

幼稚園の一日の流れの中で午前と午後にたっぷり遊ぶ時間を設定しています。午前中に1時間

15分くらい，午後に1時間くらい夢中になって遊ぶ時間があります。すぐに遊び出せる子がいます。じっくり考えてから動き出す子がいます。

　遊ぶ場をつくる時間が必要です。調べる時間，仲間と相談する時間，思考錯誤する時間，少しぼーっとしたり休憩したりする時間も必要です。こうして遊んでいる時間をていねいに見てみると，やはり20分や30分の学校の授業の間の休み時間のようでは足りないことがわかります。本気になって没頭して遊びこむためにはたっぷりの時間が必要です。

　それは切り替えが苦手な子どもたちにも必要な時間です。すぐにやめられない，片付ける気持ちへの切り替えに時間がかかる，自分のペースを変えられない子どもたちにもたっぷりの時間と，見通しのもてる援助があれば，気持ちよく満足して次の活動に移っていくことができるのです。

5）生活の流れを変えずに

　基本的な一日の生活の流れは毎日変わりません。

　登園 → 身支度 → 自由なあそび → あつまり → 昼食 → 自由なあそび → あつまり → 降園

　この基本的な流れの中に，クラスごとに計画されたこと，全体で計画されたことなどが組み込まれることがあります。小学校のような時間割や日替わりの日課では，子どもたちが主体的な生活者になることができないと考えます。わたしの幼稚園の一日はこんな一日であるとわかっていて，それがたびたび変更されなければ，子どもたち自身が幼稚園の一日に，あるいは年長になれば一週間にも見通しをもった生活をすることができるようになります。**園生活の主人公は子どもたちになります**。今日も明日も基本的に同じであれば，子どもたちは安心して過ごすことができます。新しいこと，新しいものが苦手な子どもたちにも，生活の流れが変わらないことは大事なことです。変わるたびに不安になり，新しいことが起こるたびに緊張しているのでは園生活は一向に楽しくなりません。**どの子も安心して見通しをもてる園生活を保障**したいと思います。

6）自由で主体的なあそびを通して

　インクルーシブ保育は，支援や配慮が必要な子どもたちだけに特別なプログラムが準備された保育ではありません。

- ・どの子も安心して過ごせる
- ・どの子にもわかりやすく，見通しをもって主体的に活動できる
- ・どの子も自分のもてる力を発揮することができる
- ・自分をいいと思い，仲間をいいと思う

　子どもの自由で主体的なあそびを大切にしたこの園生活が，誰もが尊重され，誰も排除されないインクルーシブな保育の実現につながっていきます。

（2）どの子もちがっていて，それをそのままでいいといえる

　本園の保育の目的は，一人ひとりちがう子どもたちがどの子も輝いて生き生きとその子らしさを発揮できること，そして互いにそのちがいをよいものとして認め合う仲間になることだと考えています。

1）ちがうことに出会う子どもを支える

　あそびを通して，また園生活の中で，子どもたちは自分とはちがう人に出会います。同じでないことは違和感を覚えます。それを受け入れられないことがあります。しかしそこに自分とちがう人

を認め，受け入れて共に過ごす保育者
や他の子どもがいれば少しずつ視点は
変化していきます。またあるとき，あ
そびの中で同じ人の魅力に出会うこと
があります。多面的な出会いが人を肯
定的に受け入れることにつながってい
きます。同時に，ちがっている自分が
ありのままで保育者に受容され，他の
子どもたちに認められていることを体
験していきます。**ちがうことをだめと
言われない経験**が，ちがうわたしも大
丈夫，ちがうきみもそのままでいいと

いうことができるようになるのです。このときに保育者の果たす役割は重要です。「きみはわたし
とちがっているね。ちがっていて大丈夫。ちがうところを変えてみんな同じにならなくていい」
と，子どもたちに伝えられる保育者であることが求められています。

2）ちがうことで困っている子どもを支える

　支援や配慮が必要な子どもたちは，ちがっていることで何かに「困り感」を強くもっている子ど
もたちです。

　①言語で理解することができない（日本語がわからない）ので，友だちや先生の言っていること
　　がわからなくて困っています。

　②集まりのとき，いろいろなものが見えるとおしりがムズムズして動きたくなって困ります。ち
　　がい（障がい）そのものを訓練で治したり，なくしたりすることはできませんが，保育の中で
　　困り感をなくしていくことはできます。

　それが特別な支援です。たとえば，

　①は視覚から理解できるような工夫をする。

　②は集まりの向きを変えたり，話をする保育者の背景をシンプルに整理する。

　このほかにもさまざまな支援が考えられるでしょう。ここでも大切なのは，**ちがうことで困るこ
とはどの子にもある**，ということです。意識して行われていませんが，どの子にも保育者は特別な
支援をしています。ただその方法や量はちがいます。**どの子も大切な一人として行う支援**です。

① 療育の専門性ではなく保育者としての専門性をみがく

　インクルーシブな保育であるために保育者に不可欠なものは，特別な支援に関する専門性ではあ
りません。もちろん，子ども理解を深めるためにそれらについての研修を受けることや自ら学びを
重ねることは必要です。しかし，私たちが子どもを理解しようとするときには，その専門的な視点
からだけ見ようとすることは危険です。その視点は子どもを単に障がいのカテゴリーに分類しよう
とします。それに合うと教えられた支援方法をあてはめ，それが特別な支援だと思い込みます。

　このときに保育者に起こっていることは，

　・子どもの特性・障がい・できないことだけに注目している

　・特性や障がい・できないことを何らかの方法で改善したい，できるようにしたいと考え保育し

ようとする

　子どもにとって，保育者のこの視線や，よかれと思ってする支援は園生活をつまらない息苦しいものにします。行き過ぎればつらい園生活にもなりかねません。

②　不可欠なのは保育者としての専門性

　支援や配慮が必要な子どもたちにとっても不可欠なのは，私たちの保育者としての専門性です。

子どもをていねいに観察する専門性

　登園時の子どもをていねいに観察すると，登園するまでに起こったことを想像できることがあります。身支度をする様子を見るだけでも，できること，難しいことなど，たくさんの情報を得ることができます。遊んでいるとき，いつもトラブルになると思いよく観察をしていると，気づかなかった原因が見えてくることがあります。子どもがどこに困り感を覚えているのかを知ることができます。それだけではありません。子どもが今，興味をもっていること，好きで夢中になっていること，得意なことがわかります。困り感がわかれば，それが軽減されるよう周囲の物的環境・人的環境などを調整することができます。好きなこと・得意なことがわかれば，それを通してあそびに夢中になれる援助をすることができます。子ども自身が満足し，自信を得ていくことができるようになるのです。

子どもの声を聴き取る専門性

　「だいっきらい！」と言う子どもの声が聞こえます。保育者はその声をどのように聴き取るのでしょうか。本当に「きらい」と思って言っているのか，実は伝えたいことはそれだけではないのに言ってしまった言葉なのか，保育者に必要なのは，聞こえてくる声，言葉の本当の意味を聴き取る専門性です。

　獲得している言葉が少なければなおさらです。「だめ」にも「いいよ」にもたくさんの子どもの考えや気持ちが含まれています。子どもの表情から，体全体から，起こっている状況も合わせて子どもの声が聴き取れれば私たちがすべき支援も見えてくるのです。さらに保育者が大事にしたい専門性は，**声にならない子どもの声を聴き取る専門性**です。言葉を獲得していない子どもたちも保育者に伝えています。やりたいこと，好きなこと，困っていること，悲しいこと。声にならない声を

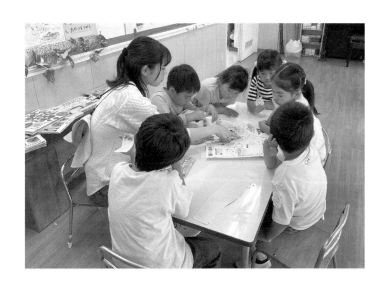

聴き取り，それを代弁していくことこそが保育者がもっている専門性です。**声にならない声を聴き取り，代弁してもらえることは子どもにとって大きな力になります。**保育者との信頼関係が築かれることで子どもは安心して新しいことにも挑戦していくことができるようになるのです。

子どもに寄り添い共に歩く専門性

「うれしかったね」「痛かったね」「面白かったね」「困ってるんだね」。そう言って子どもの傍らに立ち，そのままの自分を〈いい〉と言ってまず受け止めてもらえたら，子どもはそれだけでうれしいのです。それだけでなく，一緒に喜んでくれたり，泣いてくれたり，困っていることをどうしようって考えてくれたら，それはもう百人力です。子どもがほしいのは教え導こうとする保育者ではなく，**傍らに立ち共に歩いてくれる保育者**です。

子どもをていねいに見て，声にならない声を聴き，傍らに立ち共に歩く保育者が子どものありのままを受け止め〈きみはきみのままでいい〉と伝えられたとき，子どもは〈自分はいい〉と思えるようになり，そう思えた子どもが〈きみはいい〉と言える子どもになっていくのです。ちがっている一人ひとりが尊重されるインクルーシブな保育をつくっているのは保育者としての専門性です。

3）同僚を支えるチームづくり

ずっと以前のことです。本園は年中と年長は2クラスずつで保育をしていました。そこには「わたしのクラス，わたしの子どもたち」というクラス主義の考え方がありました。「わたしのクラスのことはわたしが責任をもちます」というのは当然のことですが，そこには壁が生まれ保育を不自由にしていました。支援や配慮が必要な子どもたちのことも，そのクラスのことでしかなくなります。1990（平成2）年，本園の教育課程を全面的に改訂した際，クラスの壁は取り払われました。2クラスの子どもたちは一つの集団（一つのクラス）として二人の保育者が担当することとなりました。30年が経過して，今の愛隣幼稚園は学年を超えて子どもたちがあたりまえに行き来するようになりました。どこで遊んでも，誰と遊んでもいいのです。そうなると必要になるのは担任ではない子どもたちの情報です。知らないことは子どもも保育者も不安にします。緊張が生まれればよい関わりができません。

どの子も愛隣の子

本園では保育後，ほぼ毎日，保育に関わる者が集まり保育報告の時間をもちます。その日，保育の中であったこと，保護者のことなどを共有し，保育の中で行き詰っていることも話題にして皆で考える時間にもなっています。支援や配慮の必要な子どもたちの事例検討も，改まったかたちではありませんが日々行われています。ここでどのクラスの担任も，ほぼすべての**子どもたちの基本的な情報を共有する**ことができています。誰とどこで出会っても，その子のことがわかって対応することができれば，不必要な緊張を生むことはありません。子どもはどこでも受け入れられて安心して過ごすことができます。事例検討で名前のあがった子どもに出会えば，担任が直面している状況を他の保育者たちも目の当たりにすることになります。それで，誰もが**問題に対する当事者意識をもつ**ことができるのです。行き詰まり苦しい思いをしている担任を孤立させることなく，皆で問題解決に向けた手だてを考え，子どもと保育者を支援していくことが可能になります。同僚のできないことだけに目が向き，指摘するチームではなく，「なるほど，あなたの困り感はそこにあるのね。一緒に考えていこう」，そう言えるチームでありたいものです。また，担任が出会えなかった子どものうれしい姿を伝えることも大切です。同僚の心を支えることになり，子どもとの関わりの幅を

広げていくことにつながります。そして，この**チームには預かり保育を担当する保育者も加わっていくこと**が必要です。時間の共有が難しい中ではありますが，記録を読むだけではなく，5分，10分の短い立ち話でも子どもたちのうれしい話や保育の中での配慮や支援について，直に伝え共有することで預かり保育を担当する者も安心して保育にあたることができます。**園全体が共に支え合う一つのチームになること**をめざします。

4）保護者を支える

　この10年くらいの間に就園前から児童発達支援機関に通い療育を受けているという子どもたちが増えました。入園前から子どもの発達や，今の姿について情報を共有し，合意形成を図ることも容易になったように感じます。

本当は受容できていない

　すでに療育機関に通っていると知れば，保育者は安心して園生活での配慮などについて話が進められると思いがちです。しかし，入園後の面談で，意見がかみ合わずぎくしゃくした雰囲気になることがあります。**実は保護者はまだ葛藤の中にある**ことに保育者は気づきます。入園は大きな転機です。保護者もわが子のちがいを目の当たりにしなければならなくなるのです。"理解し受容したつもりでいた"ということに保護者自身も気づかされているのではないでしょうか。

受容する道程の伴走者になる

　保育者は，ここまで悩みながら子どもと向き合ってきた保護者を，まず**リスペクト**したいと思います。耳を傾けて話を聴き思いに寄り添い，共に考えながら**子どもを受容する道を伴走したい**と思います。園での様子はていねいにありのままを伝えます。家庭での姿と異なることも多いものです。なぜそうなるのか？　と保護者と一緒に考える過程をはしょらずに，共に子ども理解を進めていきます。信頼関係が築かれれば機会を見計らい「個別の支援計画」の作成を提案します。保護者も参画する支援計画の作成を通して，園生活の中での保護者の不安を減らし，他機関との連携，就学へと連続した支援を行います。

5）保護者も仲間に

インクルーシブな園になるためには，**保育者も保護者も一緒に仲間になる園生活**でなければなりません。本園では保護者の会が学年ごとに茶話会を開いたり，交流や講習を目的とする会を開催したりしています。サークル活動も活発で，在園の保護者だけでなくOGやOBもメンバーに含まれています。このような保護者が常に園と関わり，園生活の中にいる環境を通して園の保育理念は保護者の中にも浸透していきます。また本園では，児童養護施設の子どもたちも一緒に生活しています。子どもたちは地域の子として育っていきます。そこで，児童養護施設や社会的養護についての講演会などを開催し，保護者が知る機会，考える機会をもっています。それだけではなく，障がいのある子，先天的な疾病のある子，外国にルーツのある子，強いアレルギーのある子など，特別な支援を必要としている子はさまざまです。このことについても保護者会や園だよりを通して**保護者と一緒に考える機会**をもっています。さまざまなちがいのある子どもたちとその保護者を知って理解しようとする仲間，園の中のみならず，地域の中で共に育ちを見守り，支える仲間を増やしていく作業です。このような作業を地味に積み重ねていくことで，保護者集団もインクルーシブな集団になっていくのではないかと考えています。子どもだけでなく，**大人同士も互いのちがいを知り，尊重し合えること**がインクルーシブな園になるためには必要なことです。そうして変化していく大人のまなざしが，子どもたちのインクルーシブな園生活を支えています。

2. インクルーシブ保育の事例
―言葉の問題から

事例 5-1　言葉でのやり取りが難しいYくん

年少4月に，一つ年上の姉と一緒に入園してきたYくん。園生活が始まった当初は，集団生活に慣れておらず，周囲の大人に対して強い警戒心を抱いている様子がありました。

会話の手段は一語文が主で，拒否を示すときには「ノー！」，大人のことは誰でも「パパ」と呼び，実物とYくんが使っている呼称が対応していなかったり，発音が明瞭でなかったり，日本語ではなく英語で話す言葉があったりと，言葉を使ったやり取りや，言語理解に困難さを抱えている様子がみられました。

また，自分の思いが通らなかったり，不快に思うできごとが起こったりすると，激しく泣いて床に寝転がったり，頭や手足をばたつかせて強く打ちつけたりする様子がありました。他人に体を触れられることが苦手なため，そのような際にも抱き抱えることが難しく，保育者との距離も遠いため，抱っこや手をつなぐといったスキンシップを取りながらのコミュニケーションを取ることにも難しさがある状態でした。

困っている原因を考えて，保育者や園生活に対する安心感を確立する

　Yくんには，家族以外の人との関わりや園生活への戸惑いを強く感じたため，まずは，**保育者との信頼関係**を深め，安心して園生活を送ることができるよう配慮しました。Yくんのやりたいことを見つけ，一緒にそばで楽しんだり，Yくん自身が伝えてくる言葉がわからなくても笑顔で受け止めたりしながら，共に過ごす時間を増やしていくことができるようにしました。その中で保育者との関係が少しずつ安定してくると，Yくん自身が楽しんでいるあそびを保育者に伝えて来たり，あそびに誘ったりするようになり，笑顔で過ごすことのできる時間が増えていきました。

　しかし，集団生活や人が多い空間に対する不安感が強くあることや，生活の流れがわからないことで，あつまりの時間に部屋を出ていったり，クラスの仲間から距離を取って様子をうかがっていたりする状態は続いていました。人が集まっているということだけでなく“椅子に座る”ということにも強い拒否感があったため，Yくんが好んでいたジョイントマットを保育室内の少し離れた場所に敷き，無理のない範囲であつまりに参加することができるよう援助しました。また，生活の切り替え時間がわかりやすくなるよう，あつまりの際にはあそび部屋の電気を消し「おやすみちゅうです」という絵カードを貼ることで，目で見て終わりの時間だということがわかるようにしました。他にも，生活の流れがわかる絵カードを掲示しながら一緒に確認することで，一日の流れを把握していくことができるようにしました。

言葉の理解，やり取りの難しさ―正確に習得している語彙が少なく，会話が成立しない

　本来，人と関わることが好きであったYくんは，園生活に慣れ安心すると，クラスの仲間や保育者と積極的に遊ぶ姿が見られるようになりました。しかし，依然として一語文での会話が主であったので，相手とやり取りが成立せずにもめたり，相手の言っていることがわからずに怒ったりすることが増えていきました。また，Yくんが使っている単語と，単語本来の意味が異なっていることも多いため，保育者も彼が何を伝えたいのかわからず戸惑うことがありました。

　そこで，まずは，正確な語彙を増やしていくため，簡単な単語を一語から二語文程度に短く区切り「ごはん　たべるよ」などと話したり，話している口元が見えやすいようマスクを外して（コロナ禍にマスクをしていた）会話したりすることを心がけました。保育者とのやり取りを繰り返していく中で語彙が増え，「パパ→せんせい」と本来の意味に合った単語を使う場面も多くなっていきました。語彙が増えると，仲間や保育者との会話も成立するようになり，「○○，いやだ」「○○すき」「○○やりたい」などと，自分の思いを伝えて喜ぶ様子が見られるようになりました。

途切れるとふりだしに―園生活を継続させることで安心し力を発揮する

　5歳になったYくん。二語文が主ですが，時折三語文での会話もみられるようになり，保育者や仲間と言葉を使ったやり取りを楽しみながら遊んでいます。

　自分の思いを伝えることや感情をコントロールすることに対する難しさは引き続きみられますが，激しく泣いて表現する様子は少しずつ減っており，自分なりの言葉で想いを伝える様子が増えてきています。

Yくんは，園生活が継続されていることで得られている安心感も大きく，Yくん自身や姉の体調不良，家庭の事情での欠席が続くと，久しぶりに登園する幼稚園に，緊張が高まる様子もみられます。すると，クラスのあつまりに参加することが難しくなったり，保育者への試し行動が多くみられるようになったりと，園生活が継続されているときには安心して送ることができていた生活が不安定になってしまうこともあります。

　園生活を継続して送るためには，保護者の理解と協力が不可欠です。Yくんの園での様子をていねいに共有し，保護者と共にYくんの継続した生活づくりをしていくことも大切な支援の一つであると考えています。

事例 5-2　言葉がわからず，コミュニケーションが難しかった外国籍のOくん

　3歳の10月に入園してきたOくん。入園1年前に日本に来ましたが両親ともに外国籍の男の子です。来日時がコロナ禍ということもあり，日本では知り合いもおらず，自宅にテレビもなかったので入園したときには日本語がわからないまま園生活がスタートしました。初めは，園生活の一日の流れがわからず，遊んだ後，みんなでするあつまりの時間には，集まることができず，保育者もOくんに説明することができず，伝える難しさを感じました。生活習慣にもちがいがあるのか，排泄を園庭でしてしまったり，お弁当のとき，飲み残したお茶を床に流してしまったりということもありました。クラスの子が座っている椅子をひいて倒れる様子を見て笑ってしまったり，昼食時に机に置いてあったパーテーションを回転させお弁当をひっくり返してしまうということもあり，わからないでやっているのか，好奇心でやっているのか，言葉が通じないイライラによるものなのか判断がしにくい状態でした。

困っている原因から，不安やイライラをなくす手だてを考える

　まずは，一日の流れが把握できるように，生活の流れがわかる絵カードを作り，今の時間がわかるように矢印で示すようにしました。すると，自分から指をさし，確認してくるようになりました。やってはいけないことは，ジェスチャーや，顔の表情　または絵を描いて知らせたり，翻訳アプリを使って伝えるようにしてみました。Oくんの表情から伝わったことがわかりました。さらに，Oくんの生活をよく見てみると，ほとんどが母国語で話しながらする一人遊びでした。時に笑顔を向けて隣の子に話をしていますが，外国語なのでどの子も無反応です。Oくんが共感したいと思った気持ちが，一方通行に終わっていました。保育者は，外国語の単語を使ったり，Oくんの言っていることがわからなくても笑顔で返し，安心感がもてるように関わっていましたが，周囲の子どもたちとOくんの気持ちの仲立ちや，外国語に興味がもてるような関わりが少なかったと感じました。

　そこで，保育者が仲立ちをしながらOくんと他の子どもたちが一緒に遊ぶ機会を増やしていきました。すると徐々にOくんは一人遊びから，友だちに目が向くようになり，言葉は通じなくても身振り手振りで伝えながら遊ぶようになりました。伝える言葉は少なくても心が通じ合って遊ぶ姿が見られるよ

うになり，Oくんが覚えた日本語や英語の単語を交えてコミュニケーションをとろうとする姿が増えました。クラスの子どもたちもOくんの国の言葉を使ってみようとする様子が見られるようになりました。

外部の力を借りる（通訳の方・クラスの保護者）

入園から早い段階で，通訳の方に園に来てもらい，保育者の話している言葉や，気持ち，Oくんが感じていることをその場で伝えてもらったことがありました。同時に気持ちが伝わった経験をOくんも保育者もできたことでぐっと距離が近くなりました。面談のときも同じ通訳の方に来てもらいました。保護者に，保育者が伝えたいことや，通訳の方自身がOくんを幼稚園で見た感想も交えて伝えてもらうことができ，保護者の安心につながりました。また，Oくんの保護者は，母国語以外に英語で会話をすることができました。同じクラスの保護者の中に英語が堪能な保護者がおり，ドキュメンテーションや手紙は，翻訳アプリで変換したものも渡していましたが，口頭での園からのお知らせや報告なども含めて伝えていただくことができました。

伝えたい言葉の細かいニュアンスが伝わりづらい翻訳アプリ

Oくんは，年中から年長にかけて，気に入った子とずっと一緒にいたくなり，しつこくしてしまったり，負けることがいやなので，クラスで行うゲームに参加できなかったということもありました。そんなときは，Oくんがどんな気持ちでそうするのか理由を「はい」「いいえ」で答えられるように翻訳アプリを使いました。周りの子どもたちにも保育者とOくんとのやり取りを見ることで，Oくんの気持ちを理解してもらえるようにしてきました。しかし，トラブルが起きた際，頻繁にアプリを使用していたことで，アプリで話そうとすると，耳をふさぎいやがることも起こりました。アプリでは"気持ち"など細かいニュアンスが伝わりづらくなりました。アプリの使用を補助的に，保育者とのやり取りを中心にしたところ，Oくん自ら気持ちのコントロールをしたり，保育者とくやしい気持ちの共感ができるようになりました。Oくんが心を開いて信頼していってくれたように感じました。

年長になったOくんは日本語で会話をし，友だちと遊ぶことも楽しんでいます。Oくん自身が園生活の中で日本語を習得していきました。積木で基地を作ったり，友だちとごっこ遊びをしたり，手先が器用なので折り紙を折って友だちに教えることもできます。友だちとの距離感も上手にとれるようになり，人のいやがることはしなくなりました。翻訳アプリで話すこともなくなり，小学校に行くのを楽しみにしています。

Oくんの支援として，園生活の流れを，単語で短く伝えてきたことで，生活の基本となる時間の流れの習得が早かったように思います。また，あそびのときやトラブルが起きたときには，イラストを描いたり，ジェスチャーでコミュニケーションをとってきたことで，**保育者に親近感をもち，**そのやり取りをOくんは面白がってくれました。そして，Oくんが**やってみたいことを一緒にし**て，保育者も楽しんできました。

保育者は，Oくんが友だちとつながる仲立ちをしました。外部の力を借りたことも大きかったです。やり取りが一方通行にならず，気持ちを知るということがとても大切だと感じました。そして

なにより，**友だちの存在**が大きかったと思います。**あそびを通して気の合う仲間が見つかり，つな**がっていくことでOくんの園生活は変わりました。

3．さまざまな問題を抱えた保護者への支援

事例 5-3 | **保護者の話を聴き，一緒に悩んだり考えたりしていく**

　Bくん（年中児）は興味をもったものへのこだわりが強いことがあります。このときは，浦島太郎の話に興味をもちました。最初はいろいろな出版社の浦島太郎の絵本を読み比べたり，絵本を見ながら浦島太郎の絵を描くことを楽しんでいました。浦島太郎のストーリーを覚え，浦島太郎の話を知っている人に出会うとうれしそうにしていました。しばらくすると話の中の好きなシーンが限定されていき，いじめっ子がカメをいじめるページに強くこだわるようになりました。同じページの絵を描き続けたり，お母さんがカメ役，Bくんがいじめっ子役になって浦島太郎ごっこを家でも楽しむようになりました。一日中，さらに連日のように浦島太郎の話をするようになったBくんにお母さんは疲れ果ててしまいました。興味の幅が広がるようにいろいろな絵本を読んだり，一緒に料理をしてみたり，今まで好きだったダンスをしてみたり，少しでもBくんの興味がありそうなことを一つずつ試していきましたが，変化はなく困っていました。

　このころBくんは，幼稚園でも「浦島太郎読んで！」と言って浦島太郎の絵本の読み聞かせを頼んだり，浦島太郎の絵を絵本と同じように描いてほしい，絵本の貸し出しは浦島太郎の絵本がいいと，浦島太郎の話ばかりするようになりました。最初は好きなものができたことを喜んでいた保護者と保育者でしたが，徐々にこだわりが強くなり興味の幅が狭くなっていることを保護者はとても心配するようになりました。お迎えの時間に少しでも時間があればお母さんと話をして悩みを聞いたり，保育者からBくんの様子や幼稚園での関わり，その意図を意識的に伝えるようにしました。保育者から幼稚園での様子を毎日伝えていったことで，登園時にお母さんが家庭での様子を報告してくれるようになりました。このやり取りがあったことでBくんの情報の共有がしやすくなり，Bくんの好きなことを保障しつつ，新しい興味が湧くようにと考えを合わせていくことができました。

　保育者は，Bくんが好きなことから少しずつ興味が広がっていくことを願い，関わることにしました。浦島太郎にカメが登場することからカメを調べたり，海の生き物を紹介したり，毎日いろいろなかたちでBくんにアプローチしてみました。また，これまでBくんは仲間との関わりがあまりなかったので，Bくんの興味があることを周りの仲間に知ってもらい仲間とつながることができたらと考えました。浦島太郎の話を周りの子どもたちとも共有し，仲間と一緒に保育室の中に竜宮城も作りました。たくさんのことを試しましたが，Bくん自身の変化はみられませんでした。しかし，周りの仲間がBくんのことを理解し出し，「Bくん喜んでくれるかな」と言いながら，カメの乗り物を作る姿がみられました。

保護者と保育者が，Bくんの変化したことやしなかったこと，悩んでいること，試したけれどうまくいかなかったことなどを一緒に考え，話をしているうちにいつの間にかBくんは，浦島太郎ではない楽しみを見つけていきました。お母さんは「一人で悩まず，先生が一緒になって悩んだり，話を聞いてくれたことがうれしかった」と後日話してくれました。悩みを抱える保護者に知識や情報を伝えることも大事ですが，それ以上に，保育者が保護者の話を聴き，一緒に悩んだり考えたりしていくことが保護者にとってはうれしく，そのことが保護者支援になると気づかされる事例でした。

4．保育者が抱える問題と支援

**事例
5-4**　子どもの変化に戸惑う保育者─情報の共有と支援

　Nくん（年中児）は，夏休みが終わり登園が始まると切り替えがうまくいかずパニックになることが多くなりました。このころのNくんは，登園時，保護者と離れることを激しくいやがるようになりました。あるときには，門まで追いかけて行き，園外に出て行ってしまうことも起きました。特に月曜日と，疲れがたまってきた木曜日に保護者との分離不安が多くみられました。自分のクラスで遊んでいても，雨の日の保育室など人が多くなってくると静かな場所を探して年長の保育室に行き，一人でままごとをやっていることもありました。自由に遊ぶ時間が終わり，片付けからクラスに集まるまでの切り替えが難しいことも多くありました。話を聞こうとしただけでも，つばを吐く，殴る，蹴る等を保育者にするようになりました。気持ちを切り替えるまでに今まで以上に時間がかかるようにもなりました。二人の保育者で担当するクラスでしたが，他にも個別に対応しなければならない子どももいて，急遽（きゅうきょ），主任も応援に入らなければならないこともしばしば起こりました。担任は何をやってもうまくいかず，よい手だても見つけられず悩むようになりました。

　本園ではほぼ毎日，保育後に職員が集まり，その日の保育であったことを報告する時間をもっています。Nくんの担任からも，この事例にある時期にはNくんに関わる報告を連日のように聞きま

した。この保育報告の時間は事例検討の時間としても活用されます。まずはなぜ，Nくんの様子が大きく変化したのか要因を考えることにしました。情報収集が必要ということになり，担任から保護者にもNくんの園での様子を伝えながら家庭での様子も聞くことにしました。

　集めた情報から考えた要因は，以下の3点にまとめられました。

① 　自分がやりたいと思うあそびを見つけることができなかった。

② 　もともとコミュニケーションをとることが苦手なNくんは，あそびが見つけられなかったこともあり，友だちや保育者ともうまくつながらなかった。

③ 　保護者（特に母親）の仕事がとても忙しく，今までのように家庭で落ち着いて過ごすことが難しい状況だった。

　これらNくんの情報や考えられる要因を職員間で共有し，数日，Nくんの様子を皆で観察し，改めて職員会議で事例検討を行い，次にできる支援の方法を以下のように考えました。

① 　Nくんとの信頼関係を再構築するために，あそびの場面も，片付けのときにも，パニックになったときにも担任が関わること。

② 　担任が個別対応している間，クラスのサポートにフリーの補助職員が関わること。

　次第にNくんに変化が見られるようになりました。手だてが見つけられず暗い表情だった担任も，Nくんの変化に少しずつ支援の手応えを感じられるようになりました。

　担任だけが問題を抱え込み，孤立しないために，職員間の情報共有の場，共に考える支援など，保育者を支えるチームづくりもインクルーシブな保育には欠くことができません。

第5章イラスト作成：愛隣幼稚園　鈴木仁美

園での実践③ 多職種協働の視点から
〈愛の園ふちのべこども園〉

園 の 概 要

園 の 特 徴

　神奈川県相模原市中央区にある大規模な園です。住宅街で駅に近い場所に位置しています。「夜間保育所ドリーム」「デイサービスセンター悠々」「病後児保育センターぽっかぽか」などが併設されています。キリスト者でもあった創設者松岡キン初代園長のセツルメント運動からスタートした奉仕の心を背景とした愛の精神は，現在も園に受け継がれています。

保育の理念（園長のことば）

　持っているものの中で，いらないものだから友だちに「はんぶんこ」するのではなく，一つしかない自分の大切なものを「はんぶんこね」とあげることができることは簡単なことではありません。「質の高い教育，保育」を受けていないと育たない心です。そして，これは「愛の園」が大切にしている教育，保育観です。人を大切に思い，親切にできる人は向社会性が育まれている人です。「あらゆる他者や可能性を尊重し，多様で包摂的な考えを認められる人」そのような社会情緒性，非認知能力を育てることが私たちの大切にしている「はんぶんこ」の保育です。

園 の 歴 史

　本園は，前身である渕野辺保育園として，1948（昭和23）年6月11日に設立され，2018（平成30）年4月1日に幼保連携型認定こども園となりました。1972（昭和47）年，まだ障がい児保育があたりまえではなかった時代から障がいのある子どもを受け入れきた歴史があります[注]。当時，障がい児保育を専門的に学んだセラピストの小林和雄氏が園に在籍をしており，園内にはプレイルーム（ひまわり組）が設置されました。1973（昭和48）年にひまわり組に10名，1974（昭和49）年には13名の障がい児が入園しています。1975（昭和50）年には，障がい児クラスを設けずに，通常クラスに障がい児が在籍するかたちとなりました。1980（昭和55）年，新しい園舎となった際に，一時的に障がい児が特別なクラスに通う時期があったものの，1982（昭和57）年から今に至るまで，障がい児を特別なクラスに分けずにプログラムや保育場所を分けることのない保育を行ってきました。また，1976（昭和51）年には，職員と保護者との話し合いの場が設けられ，それが1986（昭和61）年より〝かめのこ親の会〟という障がい児の保護者と職員との茶話会に発展しました。現在は「親の会パレット」に名称を変更し，障がい児というくくりではなく，配慮が必要な子どもや，保育・教育における特別なニーズのある子どもの保護者も参加するかたちとなっています。

　注）園の詳しい歴史については，河尾豊司先生が詳細にまとめてくださっています。

　　・河尾豊司（2009）相模原市における統合保育の黎明―渕野辺保育園とすこやか保育園の1970年代を中心に
　　　―．子ども教育研究　創刊号

園 体 制

　0歳児から3歳児まで2クラス。4・5歳は異年齢4クラス。
　園児数は，定員300名，保育者数約80名です。

一日の流れ

年齢児別におおよその流れを以下に示します。学童保育も受け入れています。

時刻	乳児	3歳未満児	3歳以上児	学童児
7:00	早朝保育　順次登園			
9:00	自由遊び おひるね	おやつ	自由遊び	
10:00	おやつ（普通食） 外気浴　など	設定保育 戸外遊び	設定保育	
11:00	離乳食			
12:00	昼食（普通食） おひるね	昼食	昼食（ランチルーム）	
13:00	起きている子は 自由遊び	クワイエットタイム （任意のおひるね）	クワイエットタイム （任意のおひるね）	
14:00	離乳食		戸外遊び	順次登園
15:00	おやつ（普通食） 自由遊び	おやつ	おやつ	おはなしの時間
16:00	順次降園	自由遊び 順次降園	園庭遊び 順次降園	おやつ そうじ（当番）
17:00				宿題 自由に過ごす
18:00 ～20:00	延長保育　軽食			

1．インクルーシブ保育の工夫，プログラム

（1）多様な保育

　本園の特徴は，一人ひとり育ちを大切にし，子どもたちの個性が十分に発揮されるために，**誰もが主役になる時間や場所がある**ことです。園舎やクラス，園庭や屋上には，好奇心を刺激するような環境があります。隠れ場所や秘密基地のような場所が保育室内にあったり，屋根裏部屋のようなブックラウンジが用意されていたりと，大人も子どももわくわくするような工夫が随所にあります。保育室のレイアウトも，担任が子どもの顔ぶれによって机の位置を変えたり，コーナーを作ったり自由なところが特徴です。

　また，多様な保育も本園の特徴の一つです。得意分野を生かした担当保育者が年間を通して行っているリズミック和太鼓（3歳児），ダルクローズリトミック（4，5歳児），造形ワークショップ

（4歳児），剣道保育（5歳児），ホップステップダンス（4歳児），体操保育（4，5歳児），クリエイティブ・ムーブメント（3歳児）があります。年齢に応じ，体を動かしていく活動から，造形，音楽など，さまざまな活動があります。外部講師を招いた活動では，ハロー・エンジョイ・イングリッシュ（4，5歳児）は英語のネイティブの先生と交流をします。プログラミング（5歳児）はタブレット端末を用いて楽しく学んでいきます。子どもによっては，好きなものや得意なもの，どうしても好きになれない活動や苦手なものがでてきます。苦手な気持ちがあったときにはその気持ちを大切にしながら，体験の積み重ねによってチャレンジしたくなるように気持ちを育んでいきます。自由遊びの時間に，希望した子どもが行くことのできるイングリッシュルームやモンテッソーリルームもあります。

　年間行事は，毎月の「誕生会」，4月入園を祝う「であいの日」，進級を祝う「ふれあいの日」，7月年中児の「いたずらキャンプ」，年長児の「わんぱくキャンプ」，8月「ふるさとまつり」，9月「さつまいも掘り」「フィールドデイ（幼児の大運動会）」「エンゼルデイ（乳児の大運動会）」，11月「いも煮会」，12月「クリスマス会」「訪問サンタ」，1月「もちつき会」「おみせやさんプロジェクト」，3月には「生活発表会」「卒園式」があります。保育参加は年2回あります。

　ねらいが外側に目標や基準があってそこに沿って行う保育ではなく，子どもの心に寄り添うところから出発していく，子ども主体の保育のため，マニュアルが通用しません。一筋縄ではいかない難しさもありますが，その分喜びや感動があります。昨年はよかったことが今年はそうはいかないことも多いです。子ども一人ひとり個性があるため，そこにいる子どもの顔ぶれによっても，配慮することが変わってきたり，活動プログラムを変えていきます。日々試行錯誤ですが，大人の側も，自らを振り返ったり，価値観を揺さぶられる中で，つくり上げていくような，そのような経験をしています。

（2）クラスで過ごすためのさまざまな工夫

　障がいのある子，医療的ケアが必要な子，食形態が流動食でないと飲み込むことができない子，特性があり集団生活の参加に困り感がある子，外国籍の子，「愛着」に問題を抱えた子，偏食があり食事を食べることができない子，手指が不器用で身辺の自立が難しい子等，子どもには多様なニーズがあります。園児数が多いので，クラスにはさまざまなニーズのある子どもがいるためいろいろな背景や特性のある友だちと触れ合う機会があります。多様な人に触れ合う機会が多いということは，気の合う，遊びの合う人間関係をつくりやすいことや，逆に，苦手な人に出会うことも成長につながります。4，5歳クラスは4クラスあり，0歳から3歳までは2クラスずつあるため，毎年クラス替えがあります。そのため，4，5歳になるころには，同じクラスの子ども同士だけではなく，クラスを超えたつながりがあります。園庭やホール，テラス，屋上，ブックラウンジなど，クラス以外で過ごすことも多いです。園内には，隠れ場があったり，椅子が置いてあったり，ところどころに休憩できるところがあります。それぞれにお気に入りの場所や隠れ場所があります。どの子にとってもほっとできる場所が園の中にあってほしいなと思います。

担任の配置は，複数担任制で，基本的には，特定の子どもの担当（加配）を設けずに，担任全員で保育をするスタイルです。朝や夕方の1時間や2時間だけ働くパート職員はおらず，担任がシフト制で働いています。早朝や延長の時間は，2・3歳，4・5歳を1クラスずつで保育しています。そのため，必要な場合は，子どもたち一人ひとりの状態や事情を園の職員全体に共有をします。チーム保育のため，「担任は一人で抱えないこと」が基本となります。

（3）専門職チーム

インクルーシブ保育を支えるために，2011（平成23）年から**臨床心理士**（以下，心理士と表記）が園に配置され，**専門職チームの一員として支援のコーディネート**を担っています。多職種で協力をしていることが本園の特徴です。担任の保育者を中心に，園長，副園長はじめ，保健師，看護師，管理栄養士，調理師，心理士，理学療法士等のさまざまな職種が専門職チームとして積極的に生活場面や保護者に関わっています。

障がいがあり集団生活に配慮が必要な場合や個別の支援が必要なことが，入園時に明らかな場合は，園長と専門職チームで入園前に面接をして状況を詳細にうかがいます。障がいの配慮はその子ごとに事情が異なるため，同じ診断名であっても個別の特性が高いため詳細な情報共有が必須となります。こども園は，一日中子どもが保護者と離れて生活をする場のため，配慮事項は多岐にわたります。入園後は，担任と専門職チームによる面接が継続されます。車椅子を使用するのか，姿勢保持椅子や装具の使用はどのような段階なのか，食形態はどの段階なのか，医療的ケアは一日に何回どのようなタイミングで行うのか，転倒防止のために保護帽子を日中にかぶる必要があるかなど，障がい特性にあわせて保護者と共に考えていきます。また，通園後も，発達段階に合わせた適切な玩具の用意や，どんな遊びが好きなのか，どのようなこだわりがあるのか，情緒面では，見通しがどのくらいもてるのか，不安になりやすいのか，新しい場面ではどのような姿をみせるのかを考えていきます。子どもだけではなく，保護者自身が，配慮についてどのように感じているのか，どのような配慮を望んでいるのかなど，保護者の心理面にも十分に気を配ることを大切にしています。

これまで利用してきた社会資源の使用状況なども細かく聴取をします。なるべく地域の資源を活用できるよう支援していくことを大切にしています。近年は，入園前にすでに地域で発達検査を受けていたり，療育施設に通っている子どももいるため，療育の情報などもていねいに教えてもらうようにしています。クラスでは，子ども同士の関わりを中心に，保育者が先回りしすぎないことを大切にしているなど，本園の基本的な対応方法についても率直に伝え，保護者の理解を得るようにしています。

以下では，専門職ごとにそれぞれの役割についてみていきます。

まず，看護師・保健師は，園の子どもたちの様子を幅広く知ることのできる立場にあるため，インクルーシブ保育では重要な役割を担っています。心理士と共に支援のコーディネートを行います。また，導尿や胃ろうからの注入，喀痰吸引等の医療的ケアが必要な子どもや持病のある子どもについては看護師が中心的に関わっています。

理学療法士は，体の使い方や，不器用さについて気になる子どものいるクラスに入り，直接子どもと関わりながら観察をします。椅子の高さを調節したり，足台を作ることもあります。車椅子を使用している場合は棚の位置を調節し，取り出しやすいように工夫するなど具体的なところを担任

とともに協力しています。

　管理栄養士と調理師は，家庭での食事や摂食指導の内容などについて保護者に話をうかがいながら，咀嚼（そしゃく）の発達にあわせた食形態のメニューを工夫して提供しています。担任は食形態の配慮，偏食，宗教食など，子どもの事情についてよく把握しながら，子どもが楽しく食事をすることを基本に調理と連携協力しています。

　心理士は，保育プログラムの一環として，支援のニーズのある子どもを対象にクラスに入って子どもと直接関わる，または，個別の療育をしています。月に1回から2回，園生活が少しでも生活しやすくなるように，子どものいま伸びているところや興味・関心，苦手なところなど，アセスメントをしています。その内容を，クラスや保護者にフィードバックをして，日々の保育に生かすという生活臨床が基本です。また，日々の保育場面での行動観察も随時行っており，心理士の目からみたその子らしさやその子の特徴，情緒面や発達の段階など保育者と共有することによって，保育に生かせるように活動しています。また，そのほかにも，入園時には，どのような具体的な支援や配慮が必要なのかを親子面談をして情報共有をするところから，園内で実施している療育，保護者面接，「親の会パレット」の運営，保育者との定期的なカンファレンス，保育者への相談支援，地域の社会資源との連絡調整，子育てみちくさ相談など，インクルーシブ保育を下支えする役割を担っています。

　このように専門職チームは，園長，副園長，総主任，地域主任と連携をしながら，保育者を裏側で支えています。保護者面接や保護者への対応についても，保育者が中心的役割を果たしますが，時によっては心理士や看護師が同席をするなどチーム保育を実践しています。

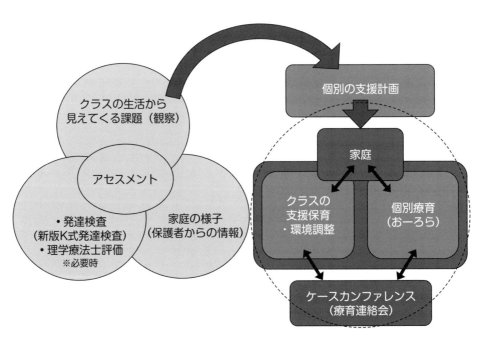

図6-1　愛の園ふちのべこども園のインクルーシブ保育・療育の支援

（4）○○さん応援シート―個別の支援計画―

　園での子どもの支援の道標として，本園では，**個別の支援計画**を，担任と支援コーディネーターが年３回作成しています。支援コーディネーターは，専門職チームで分担をしています。「○○さん応援シート」と名づけられたＡ３判の用紙には，１年分３回の計画を記載できるようになっています。保護者，担任，支援コーディネーターの三者が回覧板や交換日記のように一つのシートに順番に書き込む書式にしています。まず，保護者が年度のはじめに「保護者の願い」「子どもの強み・得意なこと」「苦手なこと」「家庭の様子」を書きます。その次に，担任が園での子どもの様子について記入します。そこから，支援コーディネーターが，園での支援を方向性や，具体的に「こんな風に工夫していきます」「こういう声かけをしていきます」といった支援方法を簡潔に記載します。支援コーディネーターの書く欄は，定期的なケースカンファレンスと心理士によるクラスでの観察や担任とのコミュニケーションに基づいて作成されます。

　シートは，年間で３回，４か月ごとに，保護者と園との間でやり取りがされています。保護者にとっても，応援シートを一年を通して書き続けることには負担があると思いますが，このシートで書かれた家庭の様子は保育に生かすことができる貴重な情報となるため，必ず書いていただくようにお願いをしています。担任と専門職チームにて年に２回程度，保護者面接を行い，家庭での様子と園での様子の情報交換を行い，外部で受けている支援の内容や，園で行っている工夫について話し合い，情報のすり合わせを行います。そこでのやり取りは，ケースカンファレンスで必要なところは共有がなされ，個別の支援計画に反映される仕組みとなっています。

（5）「親の会パレット」とパレットノート

　毎月１回，支援保育対象の子どもの保護者と園長，副園長，主幹保育教諭，担任（代表で持ち回り），専門職チーム（看護師・保健師・臨床心理士・公認心理師・理学療法士）が参加して，子どもの様子や保護者が感じていることを分かち合う「親の会パレット」を行っています。コーヒーや紅茶をいただきながらのほっとできる空間になることを願い，場のセッティングには気を配っています。毎回，５名から10名前後の保護者が，仕事がある中で時間をつくって，参加してくださいます。

　「親の会パレット」は，以前は，「かめのこ親の会」という名称で園内外で親しまれていました（石井利香編，2000）。多様な個性をもつ子どもたちが集まる場所であるこども園での生活やそこでの出会い，そこは，いろいろな絵の具が混ざり合い，素敵な色彩が生まれるパレットであってほしい，そのような願いを込めて「パレット」という名前になりました。

　保護者同士の交流は，何よりも力になります。「親の会パレット」に参加すると特にそれを実感します。参加者の子どもの状況はさまざまなのですが，共通の悩みもあります。クラスを超えて，卒園後も，保護者同士の交流のきっかけとなっています。あまり接点をもちにくい保護者同士や職員とがパレットの会を通して交流することもでき，お互いの気づきにつながることもあります。「パレットノート」を書いている担任は月に一人ずつ持ち回りで参加しています。さまざまな立場

の保護者の率直な思いを聞く機会となっています。それが，保育者の成長にもつながります。

「親の会パレット」は，参加している保護者と職員が交流できるように心理士によるミニ講座を行っています。意見交換や感じたことをシェアする時間があります。子育て中の保護者が知っておくと役立つ知識や，子育てのヒントになるような考え方などが伝わるように内容を随時工夫しています。たとえば，「療育って何だろう」「がまんする心の育ち」「子どもの強みを見つけよう」「特性のある子どもの世界を追体験してみよう」など，保護者が子どもの心を理解したい，知りたいと思うことを主に題材にしています。

担任が声をかけてお誘いした3歳児クラスのお母さんの悩みに，すでに子どもが療育に通っている5歳児クラスのお母さんが，「どのような経過で見学に行ったのか」，「見学に行ったときにどんなふうに悩んでいたか」など具体的な経験に基づいたアドバイスがあります。就学相談は，4歳児の保護者にとっては“来年のできごと”なので，リアルタイムで就学のことについて聞ける機会はとても貴重です。

保育の場は生活の場です。子ども同士の関係の中で育ち合うことが保育の基盤です。一方で，生活の場ではない場所での発達支援によって，生活がよりしやすくなったり，困っていることが軽減をすることにも意味があります。「親の会パレット」に参加している保護者は，療育に子どもが通っている方がたくさんいます。より細やかに子どもを個別にとらえて発達促進的に関わる療育で行っている課題やそこで得られたアセスメントを，園でいかに生活に役立てていけるかが重要です。保護者は，療育で「こんなことを言われたよ」「療育ではこんなことを今やってる」など，そこでの体験を園に伝えます。生活の場にいる保育者（担任）と療育施設や医療職をつなげる役割をもつのが保護者のため，療育は話題になることが多いです。地域の支援につながるということは，保護者が子どもを理解していき，卒園後の子どもにとってのよい環境について考えていくことに不可欠であると考えています。そのため，園や家庭でのできごとだけではなく，いまどんな療育に通っているのか，療育でこんなこと言われたという話題もよくあがるのです。

「先輩ママ・パパに聞いてみよう」の企画は毎年大好評です。**卒園児のお母さん，お父さん**に職員が声をかけて体験談を話していただいています。すでに高校生になっているお子さんや卒園したばかりの小学1年生のお母さんなど，毎年，3名のお母さん・お父さんに来ていただいています。卒園後のお話は，聞いている職員にとっても，感動の連続です。そして，感じるのは，未就学時代に支援を受ける経験をしたり，子どものことについて担任と話し合ったり，市に相談に行き，子どもの状況を専門家に見てもらう経験を通して，保護者が小学校入学後も継続して子どもの支援のキ

ーパーソンとして動いていることの大切さです。あたりまえのように，いろいろな動きをお話してくださるのですが，動くことは簡単なことではありません。初めて相談に行くときは緊張しますし，子どものことを否定されてしまうのではないか，何かわるいことを言われてしまったらどうしようなど，よくない想像をしてしまうこともあります。いろいろな人の助けを得て，支援を受けることがあたりまえのこととして，周囲の人たちを活用しながら子育てをされている「先輩ママ・パパに聞いてみよう」では，保護者だけではなく，職員にとっても，励まされ，新しい発見のある会となっています。

（6）インクルーシブ保育と心理支援

　ここでは，心理士の視点から，こども園における心理支援について触れてみたいと思います。たとえば，朝のざわざわした感じがいやだといって，落ち着かない子どもがいたとします。まず，どうしたらその子どもがクラスに入れるのだろうか，いろいろな工夫を考えることでしょう。工夫をしてなんとか部屋に入れるようにしたいということも支援の一つです。子どもが部屋に入ってきやすいように，お気に入りのおもちゃをさりげなく用意しておきます。大好きなものがあるスペースがふっと子どもの目にとまり「あそこにいってみようかな」と思い，泣いていた顔が急に笑顔になり，走ってそこに向かう後ろ姿を見ながら保護者はほっと息をつき，保育者と顔を見合わせる，そのようなさりげない支援があります。また，そのときの保育者は「ざわざわしていやだな」というその子どもの気持ちに寄り添います。その場で泣いているその子どもの気持ちに寄り添ってみる，そこに一緒にいるということも，保育者の心をはたらかせた支援といえるでしょう。そのときそのときに子どもが抱いた気持ちをそのまま受け止めてそこに一緒にいる（寄り添う，ありのままを受け止める）ということは，ネガティブな感情，たとえば，いらだち，無力感，モヤモヤなどを子ども自身が自らの気持ちを抱えて自分の感情を肯定的にみていく礎（いしずえ）となります。

　子どもの心を受け入れ，寄り添い，言葉にできない気持ちを優しく言葉でなぞり，感情を育てていくことは，保育現場での保育者と子どもが関わり合う日常そのものといえるでしょう。心理支援というと，特別な言葉に聞こえてしまうかもしれませんが，いろいろな個性があり，さまざまな背景を抱えている子どもが育つ場であるこども園では，心理支援は，特別に行われるものではありません。当然のことながら，「臨床心理士」という専門職だけが行うものではありません。常日頃から保育者はどの子どもに対しても，心のケアの視点をもって関わっています。それが子どもの心の育ちを支え情緒的発達を促していくのです。そのために，保育者はとても細やかに連絡し合っています。子どもが興味を引きそうなものをあらかじめ用意をしたり，前日，パズルを完成させたかったのだけどお迎えがきてしまって続きをやれない子どもがいた場合，朝続きができるように朝番の担当者にことづけをしたりします。遊びを自分で見つけることができる子どもは，保育者が用意してある素材やおもちゃ，絵本，ぬり絵など，思い思いの遊びを選びます。一人ひとりの子どもの様子をみながら保育をしています。このような日常の延長に個別の支援計画が位置づけられます。

　ただし，保育者も一人の人間です。また保育は感情労働ともいわれています。チームで動くため人間関係が密であり，コミュニケーションがうまくいかずに悩むこともあります。プライベートでいろいろな悩みを抱えているかもしれません。ストレスを感じやすい人もいれば，自分の限界を超えてがんばりすぎてしまう人もいます。保育者自身も，新しいクラスになったときには，自分がや

っていけるのだろうか，自信を失ったり，漠然とした不安を感じているかもしれません。ケアをする人がケアを受けるということは心の健康においてとても重要です。子どもをケアしている保育者自身への心のケアの視点が必要です。

　そのため，園の心理士は，保育者支援を一つの仕事の柱として考えています。**保育者が安心して働ける職場こそが，子どもが安心して欲求を出せる健全な場**であるからです。完璧な人間はいないからこそ，チームで支え合うということが仕組みとしてあることが大切です。保育者自身が，自らの気持ちを大切にできることが，引いては子どもの心を大切にしていくことにつながります。そのため，保育者が子どもとの時間を大切にできるよう，心理士はさらに後方から保育者を支えていけたらいいなと思っています。

（7）地域とのつながり

　地域とのつながりについてのコーディネート業務は担任と協力をするかたちで主に心理士が担っています。本園では，なるべく地域とのつながりの中で子どもをとらえようと心がけています。**地域の社会資源とのつながり**をもつための情報提供や，保護者が**地域の相談機関**とつながれるようにサポートしていくことも心理士の重要な役割です。在園している子どものうち，特性のある子どもは多く在園していますが，入園の段階でその特性が保護者にわかっているわけではありません。特に，０，１歳児からの入園の場合，子どもの発達特性が２歳や３歳になるに従って少しずつわかってきます。集団の中での子どもの困り感や生きにくさは，家庭ではみえにくいところもあり，保育者側がいちはやく気がつき，保護者に対して，集団場面での子どもの様子を詳しく伝えることもあります。短時間の健診では発達の特性を見極めることは難しい場合があります。健診で発達の心配な点について指摘されることはないものの，保護者が子育てのしづらさに悩んでいる，困っているという状況もあります。専門機関への相談や，療育を受けたいなど，他機関へ親子の相談をつなげる際には，必ず担任と心理士が協力をしながら話を進めていきます。心理士は，自らの専門性を生かしながら，他機関の情報を集めたり，園での様子を詳細に情報提供書に書くなど，保育者とともに保護者へはたらきかけます。保護者自身も，園から，子どもが困っているということを聞いたけれど，療育まで必要な状態なのか，診断がつくようなことなのか，園から他機関に相談にいくようにと告げられることはとても不安なことだと思います。

　特に，障がいがある場合や，発達特性や情緒的な不安定さや不安になりやすさなど，集団の中でみられる子どもの困りが強い場合，保護者が子どもの抱えている困りに気がつき，子どもの気持ちに想像をはたらかせ，少しでも，子どもが生活をしやすくなるように，可能ならば，園の生活だけだけではなく，さまざまな専門家に直接動き，子どものことについて相談ができるようにサポートしていきます。

　保護者自身がうまく地域の相談機関につながるためには，相談機関の名前をリストにして伝えるだけでは不十分です。なぜなら，受診予約をしたくても医療機関がない場合や，療育相談の予約が取れない，電話がつながらないなど，「相談に申し込もう」と保護者が決意してから，実際に相談に行けるまでには随分と時間がかかる現状があるからです。また，予約が取れたとしても，待って

いる期間が長く，**保護者の気持ちは揺れ動くため，心理的な支えが必要**です。発達検査を受けることができたとしても，揺れる気持ちは継続しています。発達検査はその場の様子を観察することしかできないため，その子どもの様子をとらえきれないという限界もあります。集団での困っている様子を保護者が外部機関に伝えたとしても，場合によっては取り合ってもらえない場合や否定されることもあります。そのようなときに，保護者の気持ちはかなり揺れ動きます。専門家にとってあたりまえと感じる言葉の一つひとつが，初めてわが子のことで相談に行った保護者にとってはとてもきつく感じられることがあります。問題がないと言われてしまうことで，ますます困ってしまうこともあります。検査や診察（個別の場面）で問題が出ないと，特性はないと告げられることは，現場にいると非常に多いと実感します。保育の現場にいるからこそ，はっとさせられることもあります。心理士が保育現場に関わる際には巡回のことが多く，生活の場に属すことはまだまだ一般的ではありませんが，このような場所で働くことができたからこその，心理検査や診察などの個別の相談場面から受ける保護者や保育者の戸惑いについても敏感でありたいと思っています。「様子をみましょう」や「経過をみていきましょう」と言われて，相談に行ったものの，その後は保護者に一任されてしまうこともあります。この場合，子どもの発達特性に問題意識があまりない保護者の場合は，子どもの困っている状況が放置されてしまうことにもつながりかねません。発達検査で問題がないと言われたので，問題がないということではありません。幼少期に困っている様子があったけれど，問題がないと言われたまま，支援が得られず思春期に入ったときに，その子どもの問題が表面化，問題化，二次障がいになることにもつながりかねません。保護者の相談先として，療育・医療だけの判断ではできない生活判断・保育現場の声をひろいあげ，保護者に伝えていくことが，保護者の子ども理解を深めるチャンスになると願い，保育現場での心理支援の必要性を感じています。

2. インクルーシブ保育の事例
—自閉症の子ども

事例 6-1　**ぼくのリズムとMさんのリズム，そして生まれたクラスのセッション**

　入職4年目の保育者Mさんは，5歳児の自閉症の守さん（仮名）の担任になりました。保育者になったばかりのMさんはとにかく子どもが大好きで，特に，子どもたちと会話をすることが大好きでした。保育現場でも，子どもたちと会話をしながらその子どもが話してくれる言葉を聞くこと，また保護者とも言葉のやり取りによりコミュニケーションを図ることが大切だと思っていました。守さんには自閉症という診断があり，言葉を発することができず，遊びは一人遊びが主でした。クラスの他児ともあまり関わることがなく，一つの遊びに熱中することは少なく，クラスにいるけれど，ふらふらしていることが多い子どもでした。
　守さんの担任になって，Mさんがまず取り組んだことは，守さんと「コミュニケーションを取ること」でした。積極的に守さんに話しかけ，なんとか，守さんと会話をしたいと思っていました。ところが，守さんは，Mさんがいくら話しかけても一切こちらを向こうとはせず，Mさんが笑いかけても，一

切目をあわせず，スーッと前を通り過ぎてしまうのみ。内心，Mさんはどれだけ焦ったことでしょうか。「守さんと関係をつくるにはどうしたらいいのだろう。どうしたら守さんは，私を守さんの世界にいれてくれるんだろう」。Mさんは話しかけ続けながらも，言葉を話せない守さんとどのようにコミュニケーションをとればいいのか，思案しあぐねていました。

　4月の年度当初から1か月が過ぎても，守さんは，他児とあまり関わりがなく，ふらふらしていることが多く，相変わらず，Mさんは守さんに話しかけながらも，うまく距離をつめられずに試行錯誤していました。守さんはトングや鉛筆など，棒のようなものが好きで，よく部屋では鉛筆を持って"トントン"としていました。そして，子どもたちが思い思いに自由に保育室で過ごしている中で守さんは，色鉛筆で保育室のあちらこちらをトントンたたいている姿がふっと目につきました。また，戸外では，木の枝や砂場用のシャベルを好むことが多いこともわかってきました。

　　カン・トン・トン・カン

　眺めていると，守さんはいろいろなところを叩いて，音を楽しんでいるように保育者Mさんにはみえました。それから，ほどなくして，Mさんが色鉛筆がたくさん置いてある画材棚の前にいると，守さんは，やはり大好きな色鉛筆を持って，Mさんの目の前で，トン・カン・カンと，鉛筆で棚をたたいていました。Mさんは，思いつきで，守さんの近くで，鉛筆で，トン・カン・カンと守さんの真似をしてみました。すると守さんが，トン・カン・カンと色鉛筆で音を鳴らしたのです。トン・カンカン・トト。Mさんがまた違うリズムを鳴らすと，守さんはまた，Mさんと同じリズムを奏でました。トン・カンカン・トト。

　わあ，なんて面白いんだろう。胸が躍りました。Mさんのいたずら心が芽生えました。Mさんは当時，リトミックを習っていて，リトミックのリズムを守さんの前で鉛筆で奏でました。

　　トントン・トカトカ・トットカト

　大人にとっても難しいリズムです。「難しいかも」と思いつつ守さんの反応を待っていると，守さんはいとも簡単にリズムを再現しました。

　　トントン・トカトカ・トットカト

　Mさんは守さんのリズムの才能に驚き，「これは？」「次はこれ」と，いろいろなリズムをみせると，すべてのリズムを正確に再現ができたのです。

　Mさんをはじめとした保育者たちは，守さんとリズムを通して交流ができるようになりました。相変わらずふらふらとしながら，色鉛筆や木の枝やシャベルでリズムを奏でる守さんが，保育者の近くを通り過ぎるときに，ひとセッションしていく姿がみられるようになりました。守さんが近くに来ると，リズムを奏で，守さんはそのリズムに応える，というやり取りをみた周囲の子どもたちは，守さんと同じようにMさんやほかの保育者が奏でるリズムを叩こうとするのですが，守さんのようには奏でることができません。「わー，守さんってすごいね」，いつのまにか，守さんの周囲に子どもたちが集まってきます。子どもたちの顔には，守さんへの尊敬のまなざしがあふれていました。守さんの，トン・カンというリズムを再現しようとする子どもたち。守さんのようには正確にはリズムを刻めないのですが，思い思い，音を楽しむ子どもたちの姿がありました。

　子どもたち自身も守さんとどのように交流してよいのかわからなかったところがあったのかもしれません。一緒にリズムを奏でることができる，しかも，自分たちよりも，正確にリズムを刻むことのできる守さんは，子どもたちにとっても，クラスに欠かせない存在になっていきました。守さんは，日ごろから，一か所で遊ぶというよりは，その場をふらふらしていることが多かったのですが，次第に，守さんのことが好きになった同じ5歳児の太一さん（仮名）や圭大さん（仮名）は，守さんがいまどこにいるのかを気にかけるようになり，保育者Mさんが「あれ，いま守さん…どこにいるんだろう」と言うと，「ここだよ」とすぐさま守さんの居場所を教えてくれるようになりました。夏が過ぎたころには，列に並ぶときや，クラスの移動のときには，守さんは，太一さん，圭大さんら5人くらいの男の子集団

と一緒に行動をするようになりました。守さんとMさんのリズム遊びは，それまで以上に難易度があがり，誰もついてこれないくらいに上達していました。そのときには守さんは，ピアノでも，何曲ものメロディーを奏でることができ，ピアノを通じても守さんとコミュニケーションがとれるようになっていました。

　ある日，ハンカチ落としの遊びをクラス全員で行いました。守さんは，太一さんや圭大さんとともに，輪の中に座っていました。一人ずつハンカチが落とされ，守さんのところにもハンカチが落とされました。守さんは，立ち上がると，子どもの輪の外側を走り，一周するのではなく，そのまますたすたと保育室の外に走っていってしまいました。ハンカチを握りしめた守さんがいなくなったまま，誰も立ち上がることなく，文句を言うこともなく，守さんが帰ってくるのを少しだけ待っていました。そのうち，一緒に行動をすることが多かった卓也さん（仮名）や太一さんが，立ち上がり，守さんを追いかけていきました。そして，手をつないで守さんと一緒に戻ってくると何事もなかったかのように，守さんはハンカチを他児の後ろに落として，太一さん，卓也さん，圭大さんらと一緒に座りました。守さんは，そのまま一緒にその場に座っていました。守さんがこのクラスの欠かせない一員であると同時に，子どもたちは守さんがどんな人で，どのような行動をとるのかよく理解し合っていることがわかり，胸が熱くなりました。

　この事例の「保育者Mさん」は，実は筆者（松岡）のことです。守さんとの関わりは，一年間でしたが，守さんとの日々を通じて，保育観，人間観が大きく揺らぎました。それまで，言葉によるコミュニケーションが得意で，人と人がわかり合ったり，好きになったり，理解し合うときにはなによりも言葉を交わし合うことが大切だとどこかで思っていた筆者がいたのだと。言葉が通じない，会話ができないという人間関係が守さんとの間で生じたことによって，言葉ではなく，会話ではなくとも人と人が交流し，そこに共にいることができ，心を通わせることができるのだと教えてくれた守さんやクラスの子どもたちとの一つひとつの思い出を今でも懐かしく覚えています。その後も，同じ敷地の学童保育に通っている守さんの姿を見ては，懐かしくあの守さんとリズムセッションをした日々を思い出します。

3. 保護者との関わり

（1）日々の関わりを通した保護者支援

　保護者との関わりは日々繊細に行われています。送迎時に保護者の表情や立ち居振る舞いから，「いつもとちがうな」と感じた場合は，お迎えのときにさりげなく声をかけたり，いつもより子どもの様子を細かく伝えます。保護者へのコミュニケーションは「特別な支援」ではなく，日常的にあるものです。必要性を感じた場合は，担任から保護者に心理士と話してみることをお勧めし，担任が改めて時間をとって話をうかがうときもあります。

　最も大切なことは，日々のコミュニケーションです。**保護者と保育者は一緒に子どもを育てていく存在**です。そのため，まずは安心して園に子どもを預けることができることが基本です。園での子どもの様子を保護者にわかりやすく伝えることを担任は常に心がけています。保護者からすると，園の子どもの様子はあまりみえません。そのため，なるべく，エピソードをありのままに伝えるように心がけています。できれば，誰にでもあてはまるような様子ではなく，その子の本来の

姿，その子らしさがあふれているエピソードを伝えたいと考えています。その子らしさが現れているということは，楽しいエピソードやかわいらしいだけではなく，苦手なことや困りごとなども含まれています。そこをていねいに伝えるようにしていくことが保護者との信頼関係の構築に大切だと考えています。本園では，**日々のコミュニケーションがなによりの保護者支援**だと考えています。

　日中の子どもの様子で気になることがあった場合は，帰宅してから次の日の登園までの子どもの変化や気持ち，心情などを聞くようにしています。保護者にとっては忙しい毎朝の送迎です。なるべく保育者側から話しかけること，交わす言葉は短くとも笑顔であいさつすることが保護者支援の基本です。担任が保護者との毎日のコミュニケーションを通して伝えたいことは，保育者は保護者の味方であるということです。子どもも保護者も，今日一日幸せだったな，今日一日楽しかったな，と思ってもらえたらという思いで保育を行っています。

　0歳から6歳まで，未就学時代を過ごすこども園は，保護者が育っていく場所でもあります。インクルーシブ保育は，障がい児だけではなく，通園しているすべての子どもを対象とした，一人ひとりの主体性を大切にしていますが，それは，子どもに限ったことではありません。保護者にとっても，子育てが充実したものとなり，共に育っていく存在として，保護者支援は日常的に大切にされています。乳幼児を育てている保護者はとにかく時間がありません。通常のカウンセリングのように，構造化された心理支援の場に行くことができない場合も多いのです。そのため，小学校にスクールカウンセラーがいるように園にも心理士が担任とはまた別にいる意味を感じます。

　本園の一つの特徴として，担任と心理士の協働による保護者面接があります。担任から園での様子をお伝えし，また，心理士の専門的な視点からも保護者に子どもの様子を細やかに伝えることにしています。保護者が自分の子どもを一人の個性をもつ人格として，保護者からみた子どもと同時に，集団の場面での子どもの様子をよく理解し周囲と協力しながら子育てをしていく際に，集団場面での子どもの様子をどのように伝えていくかというところで，心理士が保育者と協力をして，保護者面接をすることは，保護者支援の重要な側面であり，保育者にとっても役に立つと感じてもらうことが多く，保護者と保育者と双方のニーズが高いと感じています。市区町村の相談にいけば，心理士に子どもの様子をみてもらうことはできますが，市区町村では園での様子を実際にみることが少ないため，集団場面の様子は保護者にうかがうことになったり，巡回としていくことが多いでしょう。園に心理士が属することによって，園での様子に心理士が触れる時間が増え，担任だけではうまく伝えることができない細かい子どもの特徴をわかりやすく伝える役目を心理士が担っていきます。大人との一対一の場面では，わかりにくい子どもの集団での困りの様子は，実際に集団での様子を見ていないとなかなかわかりにくく，家庭の様子からだけでは，子どもの困っている様子がつかめないので，保護者が子どもの特性について理解する機会が得られない場合があります。

健診や医療では問題がないと言われても，集団の中では困る様子がみられることも実際によくあります。集団での様子がよりリアルに保護者に伝わることが，まずは大切な支援であると考えています。特に，子ども同士の世界で生きるときに生じる難しさや，子ども自身の困りは，これから先，小学校にあがったときにどのような支援が必要となるか，どのような個性が子どもにあり，強みがどこにあるかなどを理解するチャンスであると思います。そのため，より具体的に現状が伝わるような，**地域の療育や医療との連携役**は園の心理士に求められるところです。園での様子を情報提供書としてていねいに文書にまとめるときには，今のことだけではなく，少し長い目で役立てられるようなものになるように心がけています。

事例 6-2　迷いの時期を支える

　勇さん（仮名）を育てている真理子さん（仮名）は，3歳児クラスのときに担任から，勇さんの様子が気になることを伝えられました。支度をするときにみんなのペースに乗れないことや，コミュニケーションが一方的であることを教えてもらいました。とてもよくみてくれる担任で，この人が言うなら，そうなのだろうと真理子さんは信じたものの，突然のことに，目の前が真っ暗になりました。これからこの子はどうなってしまうのだろう，勇さんの将来を考えると，不安でいっぱいでした。担任から，園に心理士がいるからお話をしてみるように勧められました。まずは，真理子さんは担任と同席の下，心理士に会ってみました。心理士と話すことは初めてでしたが，担任が一緒にいてくれたからか，話してみると怖いことはなく，話をたくさん聞いてもらいました。一緒に考えてくれる人がいるとわかるだけでも心強さを覚えました。

　真理子さんは元々，行動力のあるタイプで，勇さんのために何か少しでもやってあげられることはないかと気持ちを切り替えました。そして，心理士の勧めもあり，市で行っている療育相談に申し込みました。療育相談では，まず，心理検査を受けるように勧められました。真理子さんにとっては，心理検査の名前も聞きなれないもので，メモをしましたが，よくわからないままでした。園で担任に伝えると，担任が心理士の面談を仲介してくれました。園の心理士に療育相談で言われたことや検査を受けることなどを伝えると，心理士は発達検査の名前や，発達検査を受ける意味などをかみくだいて教えてくれました。

　いざ，受けてみると，勇さんの発達指数は98でした。98は平均範囲内にいると療育相談の方に教えてもらいました。何度か会っているうちに，真理子さんは療育相談の方にも少しずつ慣れていくことができました。療育相談の方も親身に相談にのってくださり，療育が必要な場合は，ここでも受けられますよと紙に書いて教えてくれました。その紙を持ち帰って園の心理士に相談すると，受けた方がいいと思うと背中を押してくれたので，真理子さんは療育に申し込むことにしました。

　いざ療育が始まってみると，真理子さんが思っていた勇さんの姿とはまた異なる勇さんの姿を見ることになりました。小集団のグループ療育だったのですが，他児が興奮しているとつられて課題どころではなくなってしまう勇さんの姿を見て，担任が言っていたことはこういうことだったのかと腑に落ち，療育に行く気持ちは複雑でしたが，行くことができてよかったと真理子さんは思いました。
（この事例は複数のケースをまとめて細部を加工したものです。）

　真理子さんのように，はじめから子どもの特性がわかっているわけではなく，子どもの特別なニーズは集団の中で少しずつわかってくることはよくあります。入園の時点ではわからなかった子ど

もの支援ニーズを，保護者が理解をして，子どもの支援につなげていくためには，保護者が，子どもの様子や支援の必要性について納得ができること，そして，納得したうえで保護者が具体的に動けることが重要だといえるでしょう。そして，納得がいかなくとも，まず動いてみることで，少しずつわかってくるということもあります。相談の初めからすでに納得をしている方はむしろ少ないのではないでしょうか。そのため，子どもの支援を開始する際には，相談にやってくるのを待つのではなく，支援する側からはたらきかける姿勢，**アウトリーチの支援**が大切といえるでしょう。困り感が強いものの，支援がつながりにくい1歳半から3歳くらいまでの子育て支援の重要性はよく指摘されているところです。支援をする土台となる信頼関係をつくるためにも，毎日の保育者による声かけ，次項で紹介する「子育てみちくさ相談」のような機会設定，いろいろな場面を観察し，心理士は保育者とともに保護者へ様子を伝えていき，共に成長を喜び，子どもの気持ちに敏感であろうとする地道なはたらきかけの連続，粘り強い姿勢が保育現場には求められています。

（2）子育てみちくさ相談

　保育現場にいると，心理士へ相談することは保護者にとって，まだまだ敷居が高いなあと感じます。本園のように，心理士が10年以上勤務している園でさえも，「もし，何か困っていることがあれば園の心理士に相談できますよ」と担任が伝えるだけでも身構えてしまう保護者もいらっしゃいます。子育ては喜びや楽しいことも多いですが，半面，悩みの連続です。自分の思い通りにならないことも多く，一人だったらできたことができなかったり，自分のことではないのでコントロールができなかったりと，壁にぶつかることも多いのです。悩んだときや困ったとき，孤独を感じたときにこそ，心理士の存在を少しでも知ってもらいたいと思っています。今よりももっと，少しでも気軽に相談できる機会がつくれないかと考えて始めたのが，「子育てみちくさ相談」です（下写真）。

　子育てみちくさ相談とは，月に数回，1時間から1時間半程度，玄関に立ち，「道端」で道草していく感覚で立ち寄ってもらうようにお話をする取り組みです。送迎時のお母さんやお父さん，時にはおばあちゃんやおじいちゃんへあいさつや声かけをします。2019（平成31）年からはじめて，少しずつ園に根付いてきています。月初めに，ご案内の日程と時間を掲示板に貼るので，時間をつくって相談にきてくださる保護者もいらっしゃいます。前述しました「親の会パレット」で出会う

保護者や，心理士として面接を担当している保護者とは，顔見知りなので，すれ違いによく声をかけてくださいます。相談してよかったという保護者の口コミで来る方もいらっしゃいます。以前上の子のときに担当をしていた保護者に会えると，なつかしさでお互い笑顔がでます。忙しい朝夕の時間，顔を見合わせるだけで，目を合わせるだけで，元気になる，そんな時間になったらいいなと思っています。

　また，心理士の仕事では，支援保育対象の子どもの保護者に関わる頻度が多いのですが，みちくさ相談では，子どものことを，専門の機関に相談するほどではないけれど，有料のカウンセリングに通うほどではないけれど，わが子の気になる様子について相談したいという保護者にも利用してもらっ

ています。赤ちゃんを抱っこしながら，立ち話でも，「ちょっと話せて，整理できました」と言ってくださいます。すれちがいざまに，歩きながら一言交わす「うちの子大丈夫かな？」「元気でやってるー」「今度話聞いてー」その，ちょっとした交流が，時間をとった面接につながることもあります。

4．保育者が抱える問題と支援・連携

（1）保育者同士の支え合い

　多様な子どもがいる中で，一人ひとりの子どもとの関係性を大切にしていこうとする過程で，保育者はたくさんのことを悩み，常に試行錯誤しています。マニュアルや正解はなく，プログラムがあってそこに子どもたちをのせるのではなく，子どもたち一人ひとりの発想や体験の中から新しいことが生まれていく，発見の連続だからこそ，**保育者も一人の生身の人間として，悩める人としてそこにいる**，そのような日々の連続です。

　保育者支援のニーズの一つには，保護者との関係があげられます。保育の様子を朝夕の送迎で保護者へ伝えるときに，時間があまりとれずに，うまく保護者に伝えることができない場合もあります。子どもが集団の中で困っていることについて保護者と共通理解が得られない場合もあります。

　担任だけではなく，学年の保育者チームと，また，専門職チームとも**情報共有**しながら，日々の保育を模索しています。保育者間の関係では，悩んでいる人が，孤立しないように気を配ることが求められるでしょう。悩むことの方が多いかもしれません。しかし，それを保育者同士や他職種と話すことができることで支え合うことが一人ひとりの保育者の成長につながります。いろいろな子どもがいて，いろいろな保育者がいるのですから，一人で抱えるのは無理なのは当然，わからなくてあたりまえ，と考えています。

　全職員が参加するミーティング「ベター保育」を毎月１回行っています。ベター保育企画検討委員会で議案を立て，毎月のテーマを決めます。クラスの中で起きる「これってどうなんだろうね？」「こういうときってどうしてる？」といった素朴な疑問などが吸い上げられてテーマになることもあります。困っていることが共有されたり，こういう子どもがクラスにいて，こういう対応をしたらうまくいったという報告があったり，翌月にその後がどうなったのかを報告することもあります。子どもが設定保育のときに動かなかったとしても，後ろから何も声をかけないで抱っこをしたり手を引っ張って動かそうとすることがないようにしたほうがいい，子どもの目線にたってエプロンは後ろから急に着けるのではなく前から着けたり，着替えをするときには，「かごを持っておいで」「自分でできないところを教えてね」など，保育者が手を出しすぎないことなど，保育に関するさまざまなことを積極的に話題にし，園全体で共有します。

　保育者同士のコミュニケーションはとても活発です。子どもがお昼寝をしている時間帯は担任同士で，日中の保育について話し合います。どんなふうな声かけの仕方や，話題がその子どもにあっているのか，子ども目線でみて子どもにとってのよい方向を模索します。自分のクラスの子どもだけをみればよいという意識が薄く，通りがかりの保育者が声をかけてくれたりして気持ちを切り替えられることもあります。年下の保育者から教えてもらうことも多いです。前年度に担任をしてい

た人の知恵は、とても役に立ちます。先輩だから、後輩だからではなく、子どもの利益や子どもにとってよいことは積極的に教えてもらうという姿勢を大切にしています。

あるとき、こんなことがありました。癇癪（かんしゃく）があり、場面ごとの切り替えができない子どもがいて、なんて声をかければいいんだろうと、保育者が頭を悩ませていた時期のことです。ふとしたときに、そのことを話題にすると前年度の担任だった後輩保育者が「Aくんは、ある特定のコンピュータゲームソフトの話をすると、すっと切り替わりますよ」と教えてくれました。「そうなの？」と半信半疑でしたが、園庭からクラスに戻るときに、どうしても切り替わりがうまくいかなかったAくんに対応しているときに、その話を思い出し「○○ゲームのさー」と話をすると、Aくんは、泣いていたことが嘘のように話を聞いてくれました。そして、Aくんの負担なく、クラスに向かうことができたのです。

（2）ケースカンファレンス

担任保育者と支援コーディネーターである保育者、心理士、保健師、看護師とがクラスの子どもの様子について、気になったことや、どのように関わっていけばよいか迷った点、難しいと感じることなどについて自由に話し合う場を、本園ではつくっています。「療育連絡会」という名前の会議として定着しています。一般にいわれる**ケースカンファレンス**です。月に3回、1クラス30分ずつ、計9回のカンファレンスが行われています。各クラス、月に30分のカンファレンスですが、早朝から夜間までシフト制で保育をしている現場ではカンファレンスの時間を確保することはすべての人の協力がないと成り立ちません。クラスを離れて話し合いの時間をつくることはとても難しく、参加者はその時間はクラスの保育から離れる必要があるため、通常の休憩時間を変更する必要があります。ケースカンファレンスは、カンファレンスを実施している間に保育を担ってくれる人の存在が欠かせません。そのような意味でも、園全体で取り組むことが求められるのです。

子どもとの関わりに悩むことの多い保育者にとって、30分という短い時間ですが、子どもの様子を担任以外の人がいる中で「言葉にしてみる」だけでもいろいろな発見があります。担任以外の人と話をするということは、クラスの担任間ではツーカーの話も新たにわかるように伝えていく必要があります。これが、**自らの保育を客観的に振り返る**きっかけとなるようです。そこでは、これまでは湧いてこなかった発想だったり、少し距離のある担任以外の人からみると今のクラスの子どもたちの様子がこんなふうにみえているんだ、など、多角的な視点が得られます。多角的な視点こそ、日々の保育に役立つヒントです。

また、参加している人がそれぞれの情報を持ち寄りすり合わせをするため、「情報にズレがあること」がわかることもあります。「情報のズレ」は、些細なことであっても、いつのまにか大きな食い違いや誤解に発展することもあります。このような場で情報をすり合わせることができることに意味を感じます。話をする時間があるからこそ、そこで初めて「言葉にならない思い」を「言葉にしてみる」時間となることもあります。

本園の療育連絡会は心理士が司会をしています。司会者は話をしている保育者自身が生き生きと語ることができること、特に、新人の保育者にとっては、戸惑うことや、無力感、苦労、いらだちなども語ることができることを大切にしていきます。保育の場は、人間関係が絡み合う連続なので、日々のコミュニケーションの中で、ポジティブなものだけではなくネガティブな気持ちも生じ

てきてあたりまえなのです。自らの気持ちをネガティブなものであったとしても表現ができ，その
ネガティブな気持ちの中にある思いに寄り添い，情緒を感じることができることは，子どもの思い
を理解するときに役に立ちます。子どもの思いと保育者の思いどちらも大切に，見方の違いを尊重
することや，時には，一緒に悩む時間にも意味があります。保育者から語られる実践が，とても素
敵な実践で子どもと保育者の交流がいきいきと語られているにもかかわらず，保育者自身が気がつ
いていないことがあります。そのようなときには，司会者である心理士は他職種の視点から，その
魅力を伝え再発見することもあります。

事例 6-3

ぼくのことわかってくれた保育士さん
―言葉にできない思いをくみ取る保育―

　保育者3年目の光さん（仮名）は，4，5歳の異年齢クラスで，ダウン症のなおとさん（仮名）の担
任になりました。なおとさんは，活発に動き，音楽が大好きで，お友だちと一緒にいることが大好きな
男の子です。ダウン症の子どもと接したことは過去にもありましたが，担任になるのは初めてです。な
おとさんのことは，昨年となりのクラスだったので，よく知っていました。担任として「パレットノー
ト」を書くことも初めてで，始めて参加する療育連絡会はとても緊張していました。クラス替えがあっ
たばかりの4月が過ぎ，少しずつクラスの子どもたちとの関係もできてきたと感じはじめた5月の療育
連絡会で，最近気になっていることとして，なおとさんのことを思い切って話してみました。友だちが
一緒に遊びたくて近づくと友だちを叩いてしまうというなおとさんについて話しました。ただ遊びたい
だけなのに，叩いてしまうことが話題になりました。「もしかして，叩いているつもりはなおとさんに
はないかも」ということが別の参加者からだされました。光さんははっとしました。叩いていると思っ
ていたのは，確かに自分やお友だちからみた視点で，思い出してみると，たしかになおとさんは怒って
いるような雰囲気ではなかったからです。別の参加者が「もしかして，力の加減がわかりにくいのか
な。前担任をしていたときに，力の加減がわかりにくくて，叩いているつもりがないのに，叩いている
って言われちゃっていたことがあったんだよね」と経験を話してくれました。心理士のJさんが「ボ
ディタッチがうまくできないのかも。ハイタッチとか，握手とかするようにしてみたらどうかな？」，ま
た保育教諭のLさんは「担任が叩いているつもりがないよってお友だちに教えてあげて仲立ちしてあげ
るのも大事だよね」と教えてくれました。
　光さんは，なおとさんが叩いてしまうことをやめさせないといけないのではなくて，自分のやり方が
悪かったわけではなくて，なおとさんの視点から，このできごとを思い返してみて，なおとさんの思い
を代弁してあげるのか大事なんだと気がつきました。クラスに帰ると早速なおとさんに光さんのほうか
ら，ハイタッチをすると，ひとなつっこいなおとさんはハイタッチが気に入り光さんをみるとハイタッ
チを求めるようになりました。
　子どもたちとの全体での話し合いの時間に，「なおとさんはみんなと一緒に遊びたいけど，力の加減
がうまくいかなくて叩いてしまうのだけど，なおとさんは叩きたいんじゃなくてみんなと一緒に遊びた
いんだ。だから，そういうときはハイタッチしたり握手したりできるといいなって思うんだ」と子ども
たちに伝えてみました。子どもはすぐに理解をしているのをみて，光さんは子どものもつ力を感じ，次
の療育連絡会でこのことを報告してみようと思いました。
（この事例は複数のケースをまとめて細部を加工したものです。）

参考文献

石井利香編，協力・渕野辺保育園（2000）障害児の親から健常児の親へ──統合保育が当たり前の世の中になることを願って，朱鷺書房

第6章イラスト作成：愛の園ふちのべこども園　大髙晴菜

第7章

園での実践④ 障がい児共同保育

〈聖愛園〉

園の概要

園の特徴

聖愛園は、大阪市東淀川区にある認定こども園です。正式には「幼保連携型認定こども園聖愛園」であり、同一敷地にある「幼保連携型認定こども園あすなろ」、および「児童発達支援どんぐり」、「東淡路子ども館」などとひっくるめて、地域の方々からは「聖愛園」として親しまれています。本園の特徴については、一言では語れませんので、後ほど詳述します。

保育の理念

障がいのある子もない子も共に、集団で同じ環境で過ごすことにより、協力すること、他人を頼ることの大切さや自分とのちがいを受け入れられ、他人を認める力が芽生えます。この集団づくりや仲間づくりは、未来の社会をつくる力になります。

このことは、後にふれる保護者に向けた「私たちが大切にしていること」というお便りに記しています。

園の歴史

聖愛園の名称からわかるように、本園はもともとキリスト教の宗教法人である大阪淡路教会が運営していた聖愛幼稚園が始まりです。当時を知る人はもうほとんどいませんが、入園申し込みに行列ができるほどの人気の幼稚園だったようです。

今から50年以上前になりますが、1972（昭和47）年に近隣のすべての幼稚園から入園を断られた障がい児を抱えた保護者が、「キリスト教の幼稚園ならこの子を入れてくれるのではないか」と飛び込んできました。当時の幼稚園教諭には障がい児の保育経験はほとんどなく、受け入れにあたってさまざまな議論が繰り広げられましたが、「この子を見捨てることはできない」という思いで、2名の障がい児を受け入れることを決断しました。障がい児加算の制度のある保育所へ移行するために、1975（昭和50）年に社会福祉法人路交館を設立し、聖愛幼稚園は保育所聖愛園としてリニューアルすることになります。

経験も知識も何もないところからのスタートだったので、大混乱の日々が続きますが、その中での経験、子どもの姿からの学びによって、聖愛園は非常に特徴のある保育プログラムを形成していくことになります。

園の体制

本園では年齢ごとにクラスを分けるのではなく、0歳、1・2歳、3〜5歳の3クラスに分けて保育を行っています。クラスの中ではいくつかのグループがありますが、そのグループも異なる年齢の子どもたちによって構成されています。

たとえば、3〜5歳児は以下のようなたてわりグループに組み、生活を共にします。5歳児をゆり、4歳児をひつじ、3歳児をいずみと呼んでいます。クラスはさくら組、すみれ組、れんげ組、こすもす組の4クラスです。始めは保育者が決めたグループからスタートしますが、一年間の後半には自分たちでグループを決めます。一例として2019（令和元）年度の学級編成を表に示します。

	さくら組	すみれ組	れんげ組	こすもす組
ゆ　り（5歳児）	9名	8名	8名	9名
ひつじ（4歳児）	9名	10名	7名	8名
いずみ（3歳児）	8名	8名	8名	8名
合計	26名	26名	23名	25名

一日の流れ

おおよその流れを示します。

7:00			9:30		11:00			15:00	16:30		18:30		22:00
開園	随時登園	［延長保育］	「おはよう」のあつまり	クラス活動	昼食	自由あそび	お昼寝	おやつ	随時降園	［延長保育］	おやつ	夜間保育（19時を過ぎる子は夕食）	保育終了

1．インクルーシブ保育の工夫，プログラム

（1）聖愛園が他の保育所，こども園とちがうところ

　聖愛園はよく「他の保育所とはちょっとちがう」と言われます。あまたある保育所，幼稚園，さまざまな保育施設がそれぞれ工夫を凝らして自分たちなりの保育を模索しつくり上げているでしょう。しかしその中でも本園は，見学に来た保護者さん，実習に来た学生さんが一目で「ここは他の園とはちょっと違う」と感じる特徴があります。

1）障がいのある子どもが他の子どもたちと同じように過ごしている

　保育所設立のきっかけが障がい児の受け入れだったこともあり，その後も他の保育施設で受け入れを断られた子どもたちを本園は受け入れてきました。今でこそ多くの保育所が障がい児を受け入れるようになってきましたが，本園では50年前から障がい児を受け入れてきたので，障がいのない子どもたちにとっても，保育者にとっても**障がい児がいることが特別なことでなく**，ごくごくあたりまえのこととして受け止められています。障がい児対応のための職員が隣にいるわけでもなく，他の多くの子どもたちの中であたりまえに過ごしていることが，障がい児を特別な存在と思っている人たちには，ものすごく不思議な光景に見えるようです。

2）子どもが大人をニックネームで呼んでいる

　本園では子どもたちが保育者のことを「先生」ではなくニックネームで呼んでいます。「ユカちゃん」「ヨンちゃん」「コニー」「サッチー」，保育者も同じようにお互いをニックネームで呼び合っています。

　ニックネームで呼び合うようになったきっかけは，「先生」だとどうしても子どもたちに対し上から目線になるから，あるいは夜間の保育も行うようになって園で長時間過ごす子どもにとって，

「先生」よりも親しみやすい呼び方をした方がよりリラックスして過ごせるからなど，さまざまな理由が伝えられていますが，そういった保育者の多様な議論の中で生まれてきた習慣なのでしょう。子どもも保護者も，保育者同士も，保育者をニックネームで呼ぶことについて，本園では誰も違和感をもつことのない自然な習慣になっています。

3）異年齢保育（たてわりクラス）

「園の概要」で示したように，本園では0歳，1・2歳，3〜5歳の3クラスに分け，さらにクラスの中にいくつかのグループを設け，その**グループは異なる年齢の子どもたちによって構成**されています。このクラス編成によって生じるさまざまな問題，葛藤，そして成長が本園のインクルーシブ保育の最大の特徴であり成果でもあります。次の項では3・4・5歳児による**たてわり保育**に注目していきます。保育者たちの「たてわり保育」に対する熱い思いを伝えたいと思います。

（2） 聖愛園のインクルーシブ保育の特徴

本園では毎年4月に，3・4・5歳児のたてわり保育を始めるにあたって，「私たちが大切にしていること」というお便りを保護者に発行し，保育者の子どもたちの成長に対する思いを伝えています。ここでは主にそのお便りからの引用を中心に，本園のインクルーシブ保育の特徴を説明していきます。

「私たちが大切にしていること」

異年齢の子どもたち，同年齢でも個人差のある子どもたち，そして障がいのある子どもたちが一緒に生活していく中で，お互いに刺激を受けたり，ぶつかり合い，考え，悩み，認め合いながら，集団の中で個性を発揮し共に育ち合うことを大切にした保育をめざしています。友だちに認められ受け入れられる経験から，かけがえのない自分の存在に気づき，自分を大切（好き）と思うことができます。またまわりから受け入れられ，自分を大切（好き）に思える子どもは相手とのちがいを認め，そのちがいをおもしろいと思うことができます！　そして自分たちの力を信じられる子どもになります。たてわりという小さな社会からたくさんのことを経験し学びながら自分に自信をもって，やがては自分の生きたい道を自分で選択できるようになってほしいと思っています。子どもたちが集団の中でたくさんの力をつけ，さらに大きな社会へと進んでいけるように手助けをしていきます。

具体的なインクルーシブ保育カリキュラムとしては，前項「園の体制」で示した学級編成を伝え，さらに「保育の理念」で示したことがらを保育の目標として**図7−1**のようなイラストでわかりやすく伝えています。

そのうえで，一年間のグループでの活動を通して，大きく3段階に分けて，それぞれの時期において，グループとそれぞれの年齢の子どもたちのどのような姿を引き出したいかを伝えています。

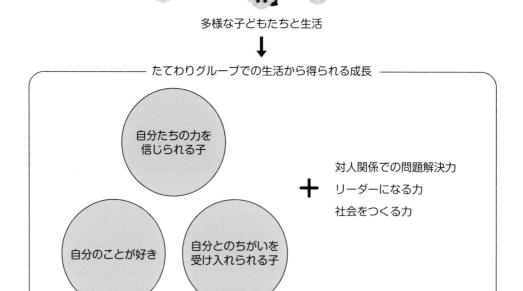

図7-1　たてわり保育を基盤としたインクルーシブ保育

第1段階　初めまして～はちゃめちゃ期

少しずつ自分たちの居場所（グループ）をつくっていきます。

いずみ（3歳児）の自己主張が始まり，グループは大荒れに…。

3歳児（**いずみ**）

不安と緊張がいっぱい。でも，少しずつグループに安心できる居場所ができて，自己主張をしはじめます（自分でやりたい！　いやいや！　などのストライキ）。でも自分をしっかり出せるということは，グループの中でしっかり受け止めてもらえているからこそなのです。

4歳児（**ひつじ**）

自分たちより小さい子が入ってきて戸惑いもありますが，進級した喜びをしっかりもっています。自分のことは，自分でやらなくちゃという気持ちもでてきます。**ゆり**（5歳児）の姿をよく見ていて真似しながら，グループ内でもできることを少しずつ任せていきます。

5歳児（**ゆり**）

あこがれの**ゆり**（5歳児）になりリーダーとしてやる気はいっぱい！　でも**いずみ**（3歳児）の自己主張によりグループは大荒れに…。一生懸命にグループをまとめようとしますが，一人では無理…大人も一緒に言葉のかけ方や，接し方を考えてアドバイスしていきます。その積み重ねから，同じグループの**ゆり**（5歳児）と協力する力の必要さに気づき始めます。たくさん悩みながらも一つひとつ乗り越えていき，**ゆり**（5歳児）としてたくましく成長していきます。

第2段階　信頼・協力期

はちゃめちゃ期を乗り越え，グループに信頼関係が芽生えてきます。

3歳児（**いずみ**）

自己主張をだしきり，それでもしっかり受け止めてくれた**ゆり**（5歳児）の存在の大きさ，そして**ひつじ**（4歳児）のちょっとすごいな〜ということに気づきます。あこがれの気持ちも芽生え始め，自分たちもついていこう！　という気持ちが高まります。自分のことは自分でやろう！　という気持ちも出てきます。

4歳児（**ひつじ**）

はちゃめちゃ期を力を合わせて乗り越えた，リーダー・サブリーダーの姿を見て，尊敬や信頼感が芽生えてきます。自分たちも**ひつじ**（4歳児）として，グループで協力しよう！　という気持ちに変わっていきます。

5歳児（**ゆり**）

ゆり（5歳児）同士の協力で，はちゃめちゃ期を乗り越えたことで自信をつけました。そして**いずみ**（3歳児）・**ひつじ**（4歳児）からも認められて信頼されるリーダー・サブリーダーとなっていきます。グループとして自分たちでやりきっていく力もついてきます。

第3段階　目標達成期

ここからは**ゆり**（5歳児）が中心になって，自分たちの生活をつくっていきます。

3歳児（**いずみ**）

自分のことは自分でできるようになり，グループの一員としての喜びも感じられるようになります。僕の，私のグループとして，**ゆり**（5歳児）・**ひつじ**（4歳児）にも協力しようという気持ちも芽生えてきます。

4歳児（**ひつじ**）

リーダー・サブリーダーを見ながら，自分たちも**ゆり**になったらという気持ちを高めます。グループの一員として役割を任されることも多くなり，しっかり力を発揮しグループ内で達成感・満足感を感じることができます。

5歳児（**ゆり**）

ゆりとして自信をつけて，グループで困難も乗り越えていけるようになります。自分たちでやりきれることで，一つひとつ目標を達成でき，満足感もいっぱいです。ここからは，より自分らしさや個性を出した，新しい目的をもったリーダーとなっていきます。

このように，保育のねらい，保育者の子どもに対するまなざしと保育手法を保護者に伝えています。

しかし，このお便りの中では伝えていない，本園の特徴が実はもう一つあるのです。主任やベテランの保育者は，このお便り「私たちが大切にしていること」に書かれてある保育者からの子どもへのまなざしを，現場で奮闘する若い保育者にも向けているのです。

本園の保育者からよく聞かれる言葉があります。「うちの保育園は上司に相談しても，あなたはどう思うの？　あなたはどうしたいの？　としか返ってこない…」。ベテランの保育者は，若い保育者たちに，子どもたちと同じように，保育者同士でお互いに刺激を受け合い，ぶつかり，考え，悩み，認め合い，保育を通して保育

者も個性を発揮し，子どもとともに，**保育者同士で共に成長していくこと**を期待しているのです。そんな思いでベテランの保育者は若い保育者たちを見守っています。

　グループで行事を重ねながら子どもたちが成長していく姿は，勇者が冒険を繰り返して成長していくロールプレイングゲーム（RPG）のような物語であり，仲間たちがさまざまな試練を乗り越えて成長していくスポーツ漫画のような熱いドラマでもあります。

　そして子どもたちが繰り広げるドラマの隣で，若い保育者たちもまた別のドラマを繰り広げています。本園のたてわり保育は，そこに関わる人々がさまざまな困難を乗り越えながら成長していく，笑いと涙と感動にあふれた物語なのです。

　次の項ではその物語の中で起こった，いくつかのエピソードを紹介していきます。

2. インクルーシブ保育の事例
—たてわり保育の子どもたち，保育者たちの姿

事例 7-1　5歳児さんの寝言「いずみさん，いうこときいてください」

　4月です。5歳児さんは，自分たちがあこがれ続けた「ゆりさん」になってグループを引っ張っていこうという期待に胸をふくらませて新年度を迎えます。4歳児さん，3歳児さんにとっての頼りがいのあるお兄さん，お姉さんになろうと，一生懸命がんばります。朝の登園時間に，新しいクラスに不安いっぱいでお母さんの手をぎゅっと握って保育室に入ってくる3歳児さんを，お母さんがびっくりするくらいの勢いで迎えに来てくれます。5歳児さんは3歳児さんが「お兄ちゃんよろしくね」と笑顔で頼ってくれることを期待していたでしょう。しかしその期待はあっさり崩れ去ります。新しい環境でただでさえ不安な3歳児さんは，体の大きな5歳児さんがものすごい勢いで迫ってくるものですから，びっくりしてお母さんにしがみついて動けなくなったり，泣き出してしまう子もいます。5歳児さんは，3歳児さんの反応が期待していたのと全くちがうものですから，どうしていいのかわからずに困り果ててしまいます。たてわり保育のスタートは，毎年このような大混乱から始まります。

　また，この時期（4月～6月）は食事，お散歩，トイレなど，毎日の生活でのあらゆる行動をグループのみんなで共に行うことに徹底的にこだわります。生活の場においてもリードするのは大人の保育者ではなく5歳児さんです。当然のことながら，3歳児さんは5歳児さんの思いどおりには動いてくれません。座り込んで固まってしまう子ども，どこかへ行ってしまう子ども，5歳児さんは困り果ててしまいます。そんなとき，保育者が声をかけたり，動かない子どもを抱き上げて動かしてしまえばあっさり解決するのかもしれません。しかし聖愛園のたてわりクラスの保育者たちはじっと我慢し，5歳児さんが四苦八苦する姿を見守ります。

　ある年のことです。現在は主任としてがんばっているベテラン保育者のユミちゃんが初めてたてわりのクラスを担任したときのことです。前年まで1・2歳クラスを担当していたので，3歳児さんの前年の姿を知っていたこともあり「Aくん，2歳のときは一人でトイレに行けてたのに，なんでこんなに苦労して時間をかけてみんなで動かないといけないんだろう…」とボソッと愚痴をこぼしてしまいました。するとその日のうちに，たてわり職員全員による緊急会議が行われました。自分の一言でそんな大げさな会議が行われるなんて，ユミちゃんはびっくり仰天です。ベテランの主任さんたちも入って，なぜグループで動くことにこだわるのか，時間をかけてこんこんと説明をされました。そのときはベテラ

ン保育者さんの語る熱量にひたすら驚くばかりでしたが，今となってはその意味がよくわかります。これから先に待ち受けているさまざまな行事という名の冒険，それを乗り越えていくためには，まずこのグループが結成されたばかりの混乱の日々の中で，これから一年間一緒に活動していく仲間をしっかり意識することが必要であり，それが子どもたちが自分たち自身で冒険を乗り越えていく力になり，子どもたち一人ひとりの成長にもつながっていくのです。

　そして実は，ベテランの保育者さんたちは，そんな言葉がユミちゃんから出てくるのをじっと待っていたのです。「私たちの大切にしていること」というお便りはみんな読んでいますが，それだけでは不十分なのです。保育者が自分で悩み，それを口にし，みんなで語り合う中で「私たちの大切にしていること」が一人ひとりの保育者の中で腑に落ち，自分自身の心の底からの思いになっていくことが大切なのです。今ではユミちゃんが，若い保育者さんから「こんなことして意味あるん？」という言葉が出てくるのを，今か今かと待ち構えています。

　保育者さんも悩み葛藤していますが，リーダーの5歳児さんもこの時期には相当なストレスを感じることもあります。家に帰ってからの保護者との会話は，ほぼすべて3歳児のいずみさんに対する悩みごとです。Bくんが言うこと聞いてくれない。Cちゃんはどうしたら動いてくれるのか…。しまいには寝言で「いずみさん言うこと聞いてください」とつぶやく子もいました。そこまで悩んでいる様子を見ると，さすがに保護者も心配になってきます。ある年などは，保護者に泣きながら「うちの子こんなに悩んでいるんです…」と訴えられたこともあります。そうして保育者は気がつきます。子どもたちに負担をかけすぎていたかもしれないと。

　子どもたちに負担をかけすぎていたと気がついた保育者さんたちが次にとる行動は何でしょうか？5歳児さんだけの話し合いを開き，5歳児さんの話を聞きます。「しんどいねん，いずみさんもういいや，ひつじさんが手伝ってくれへん…」，5歳児さんから出てくるのは不平不満の言葉ばかりです。「そうなんや，大変やなあ，みんなそんなにがんばってくれてたんやなあ…」と5歳児さんの気持ちに寄り添いながら話を聞き終えた後，保育者が次に発する言葉はこうです。「じゃあグループ解散する？」

　保育者からそう言われて，5歳児さんはどんな反応でしょうか。「それはいやや…」

　これまで3歳，4歳と2年間をたてわりクラスで過ごしてきて，ようやく自分たちにまわってきたあこがれのかっこいいゆりさん。自分たちがあこがれたゆりさんは，4歳児さん，3歳児さんのことを決して見捨てませんでした。自分たちもそんなゆりさんになりたい。今はまだなれていないけれど…。5歳児さんの表情にはそんな思いが表れています。

　そして保育者はまた声をかけます。

　「じゃあ，どうする？」

　そこからは，さっきまで不満ばかり言っていたはずの5歳児さんたちが「Bくんはお笑いが好きだからみんなでギャグをやれば一緒に動いてくれるかもしれない。CちゃんはDちゃんと仲がいいから一緒に手をつないであげればいい…」など，前向きなアイデアをたくさん出し合って，みんなで話し合って一生懸命考えてくれます。

　このように保育者は，5歳児の思いを自分の口で語らせ，時には「自分たちだけで好きなようにやったらいいんじゃない？」と挑発するかのような声かけもして，子どもたちに**自分がどんな5歳児になりたいか**をしっかり考えさせます。4月，5月にこのようなやり取りを繰り返して，これから迫りくる行事という名の冒険を引っ張っていけるリーダーとしての気持ちを育んでいきます。

　そして同時に，若い保育者に，本園のたてわり保育に対する思いだけでなく，実践の手法を伝えていくのです。

4歳児の不満「ありがとうないんか」

　7月には5歳児だけの取り組みである登山があります。毎年兵庫県にある有馬富士に登り一泊するという，5歳児さんがとても楽しみにしている行事です。

　4月からこれまで，3歳児さん，4歳児さんに振り回されていた5歳児さんにとっては，プレッシャーから解放される5歳児だけの取り組みです。3歳，4歳のときから，5歳児さんの楽しかった思い出を聞かされてきたこともあり，すごく楽しみに当日を迎えます。

　しかし，5歳児さんが楽しく山に登っている最中も，4歳児さん，3歳児さんは聖愛園で過ごしています。まだまだ大変な3歳児さんの面倒は誰がみてくれるのでしょうか？　大人の保育者でしょうか？

　5歳児さんは留守の間の3歳児さんを4歳児さんたちに託します。「ゆりがおらん間，いずみさんのこと頼むで」と何度も4歳児さんにお願いして，楽しみにしていた登山に出かけていきます。

　5歳児さんの登山は，法人全体が注目する一大イベントです。今どのあたりまで登っているかといった情報はリアルタイムで本園に報告されます。これも時代でしょう，7合目まで進んでいる…，障がい児さんもみんな誰一人脱落することなくがんばっている…といった情報が，本園だけでなく，保護者にもeメールで届けられます。

　そのような注目の中，5歳児さんは山頂まで到達し，みんなで一泊を共にしてお互いのがんばりをねぎらい合い，翌日に聖愛園に帰ってきます。戻ってくる子どもたちは，事務職員も含めた職員総出で「がんばったね，すごいね」と迎えられ，5歳児さんたちは得意満面です。

　充実した気持ちでいっぱいの5歳児さんは，園で待っていた4歳児さんに，自分たちがどんなにがんばったか，どんなに楽しかったかを得意げに語ってくれます。

　しかし，話を聞かされる4歳児さんの表情はいまひとつです。そうです。4歳児さんは5歳児さんが留守の間，5歳児さんでもてんてこ舞いする3歳児さんたちの面倒を必死でみていたのです。ある年の4歳児さんが言いました。

　「ありがとうないんか」

　5歳児さんははっとします。自分たちの楽しいことばかりに気をとられて，4歳児さんにいずみさんのことをお願いしていたことをすっかり忘れていました。5歳児さんだけの楽しい活動は，4歳児さんの支えがあってこその活動だったのです。5歳児さんは4歳児さんに「ありがとう」と感謝を伝え，4歳児さんも5歳児さんが不在の間，自分たちでグループを守ったことに堂々と胸を張るようになります。

本園では登山に限らずさまざまな行事や活動の後，子どもたちで必ず**振り返り**をして，一人ひとりの感想や思いを自分の言葉で発表し合っています。この登山の後のできごとを境にして，これまでは自分の楽しかったこと，がんばったことばかりだった感想の中に，「○○くんが助けてくれた」「○○ちゃんが手伝ってくれた」というような，**他者に対する感謝の言葉**が混ざってくるようになります。「僕が，僕が…」と言っている子どもたちも，隣の子どもたちが他の子どもたちへの感謝を語る姿を見て，自分も友だちへの感謝を言葉にするようになっていきます。お互いに感謝し合うことの大切さを覚えて，一回り成長したグループは，その力をもって新たな冒険（行事）に向かっていきます。

　実は，4歳児の不満が爆発することを想定し，期待している保育者たちは，「どの4歳児さんが，5歳児さん不在の中で一番苦労したかな？　どの4歳児さんが一番不満をためているのかな？」というまなざしで子どもたちを見守り，5歳児の見えないところで，「自分らばかり楽しい思いをしてなあ」「4歳児さん大変だったのになあ」とこっそり4歳児をたきつけています。

　そしてベテランの保育者たちは，若い保育者たちが子どもたちの姿に感化されて，自分たちもお互いに感謝の言葉を述べ合うようになっていく姿を温かく見守っています。

　事例7-2で，5歳児の登山が楽しいイベントであるかのように紹介しました。しかしそこは聖愛園の行事です。決して楽しいばかりの取り組みではありません。たてわりクラスでは頼もしい5歳児とはいえ体はまだまだ小さい子どもです。登山に向けてしっかりと体力をつけておく必要があります。毎年登山に向けて，何回も**歩きこみ**を行い体力をつけていきます。また，月齢が若かったり，障がいのために歩くのが遅い子どもがいることで，さまざまな問題が生じます。問題を浮き彫りにして子どもたち自身で問題に向き合い，どうやって全員で頂上をめざしていくのか考えていくことも**歩きこみ**の課題です。

　5歳児は4つのグループに分かれて登山の行事に取り組みますが，**歩きこみ**でもグループごとで行動します。まだ**歩きこみ**の回数を重ねてない段階では体力もついておらず，疲れて座り込んでしまう子どもがいたり，歩くのが遅い障がいのある子どもにイライラをぶつけてしまう子どももいたりして，何かトラブルがあるたびに立ち止まってグループでどうすればいいか考えます。どこかのグループが立ち止まるたびに，他のグループは立ち止まったグループが動き出すのを待っています。体力があって早く歩きたい子どもにとっては待っていることもストレスになり，それが原因で新たなトラブルが生じることもしばしば…。みんなで頂上をめざすために5歳児は，3歳児，4歳児の知らないところで，毎年地道な下積みとなる経験をしっかり重ねているのです。

事例7-3 **保育者ノンちゃん「なんで子どもにこんなにしんどいことさせるの」**

　ある年のことです。たてわりクラスの担当は3年目ですが，初めて5歳児の活動の担当となった保育者のノンちゃんがいました。ノンちゃんはこれまで，3歳児さん，4歳児さんと一緒に，5歳児さんが登山に向かっていく姿を見て，かっこいいな，輝いているなと感じており，その活動をやっと自分が担当として参加できることをとても楽しみにしていました。

　２回目の「歩きこみ」のときのことです。このときノンちゃんはリードの役割を担い，子どもたちの先頭に立って子どもたちに声をかけていきます。しかし「歩きこみ」はまだ始まったばかりで，ノンちゃんがリードの役割を担うのも初めてです。あたりまえのことですが子どもたちのグループではトラブルが続発，何度も立ち止まって，なかなか前に進めません。ノンちゃんも子どもたちの気持ちを盛り上げようと，さまざまな声をかけてみるものの，ベテランの保育者さんが声をかけてすぐさま子どもたちも応えてくれるような，自分が思い描いていたかっこいいリードができません。子どもたちもベテランの保育者さんがリードを務めているときとちがって，なんだか楽しくなさそうに見えます。

　ノンちゃんは「うまくリードできなかった，子どもたちも楽しそうじゃなかった…」という気持ちのまま「歩きこみ」を終え園に帰ってきました。ついベテランの先輩保育者さんに「なんで子どもにこんなしんどいことさせるん」と，自分の気持ちをこぼしてしまいました。そのとき，先輩保育者さんから返ってきた言葉は「５歳児担当がそう思うんなら，登山なんかやめたらいいやん」でした。そのときはノンちゃんは何も考えられず落ち込んだまま帰宅し，次の日も「仕事に行きたくないなあ…」と思いながら出勤したそうです。

　しかし，３回目，４回目の「歩きこみ」を重ねていく中で，子どもたちは自分たちで「どうやったら遅れずにみんなで歩けるんだろう？」「（障がいのある）Ｅちゃんも自分で歩きたいと思っているから，みんなで荷物を持ってあげて，Ｅちゃんは歩くことをがんばってもらえばいい」「遅れないようにＥちゃんに一番前を歩いてもらえばいい」と，登山をみんなで成功させるために，自分たちで一生懸命前向きに考えています。その姿を見たノンちゃんは「子どもたちに置いていかれている気持ちになった…」と言います。

　ノンちゃんは後になって，このときのことを「自分が楽しめていないことを子どもたちのせいにしてしまっていた」と振り返っています。またそのときの自分のことを「５歳児担当なのに，５歳児担当の仕事ができていない気持ちになっていた」とも語っています。

　また，一年間の振り返りの会議においてノンちゃんは，子どもたちに対して「歩きこみのときは私もしんどくて，先輩に怒られた」と話したといいます。５歳児担当として，自分が考えていることをどうやって子どもたちに伝えたらいいのだろうと考えていたけれど，**歩きこみ**の活動を通して，自分もしんどかったことを子どもたちと一緒に考えられたことがよかった。子どもたちと一緒にちょっとずつ前に進めたと言います。

　保育者は子どもたちにとってどんな大人であるべきなのでしょうか？　立派で頼りがいのある，

いつも元気で正しいことを教えてくれる保育者であるべきなのでしょうか？

　聖愛園の保育者たちはそれはちがうと感じています。保育者だって未熟だし，不安になるし，しんどいときもあります。そんな自分を隠して，子どもの前では**いつも立派な大人であり続ける必要はない**のです。未熟な自分自身を，正直に子どもたちに打ち明けて，共に成長していけばいい。そういった聖愛園の保育者の姿勢を再確認したエピソードです。

事例7-3　保育者ヒロくん「俺の居場所がない…」

　9月です。もうすぐ運動会を控えたこの時期，たてわりクラスの子どもたちは何とか自分たちのチームがリレーで1位を取りたいと必死になっています。

　聖愛園の運動会ではグループ対抗のリレーを行っており，保護者も注目する運動会の目玉種目です。足の速い子ども，走るのが苦手な子ども，もちろん障がい児もいます。自分たちのチームが1位になるために必死に取り組み，毎年さまざまなドラマが生まれます。リレーが終わった後には厳しい結果が子どもたちを待っています。1位になれるチームは当然ですが1チームだけ。敗れ去ったチームの子どもたちが悔しさのあまり号泣する姿は，本園の運動会の風物詩となっています。

　ある年のことです。ベテランの保育者たちは，さくら組の子どもたちの様子が気になっていました。さくら組の子どもたち一人ひとりをみていると，元気がよく運動も得意な子が多いのですが，チーム全体から「勝ちたい」という気持ちがあまり感じられないのです。毎年どのチームも「1位を取りたい」という気持ちがどんどん高まっていき，それゆえにもめごとが頻発するこの時期にあって，「勝ちたい」という気持ちがチームから感じられないのは異例のことです。練習で負けても子どもたちに悔しそうな様子がみられないばかりか，3歳児さんから「さくらはビリでええねん」という声まで聞こえてきます。

　さくら組担任のヒロくんは，子どもたちの気持ちに一生懸命寄り添い，とてもやさしいまなざしで子どもに接する保育者です。同時に「大人の思いを子どもに押し付けてはいけない」という思いも強くもっていました。

　運動会が間近に迫ったある日のことです。毎日のようにリレーの練習があり，子どもたちは結果に一喜一憂し，どうすれば本番で1位をとれるかを保育者も子どもと一緒になって必死に考えているこの時期に，なんとヒロくんともう一人のさくら組担任の保育者が二人とも体調不良でお休みしました。保育者不在ということはあり得ないので，当然フリーの保育者がさくら組の保育にヘルプ（保育補助）で入ります。しかし子どもたちは，一日だけ現れたフリーの保育者なんか信頼しません。他のチームのスパイかもしれません。フリーの保育者は，いまいち盛り上がりに欠けているさくら組がどんな様子なのか，心配しながら見守っていました。

　しかし，いざリレーの練習が始まってみると，子どもたちはやる気満々です。リーダーの5歳児さんは昨日までの様子では考えられないほどに奮起しチームを鼓舞します。昨日までとは全く別のチームかのような盛り上がりをみせ，この日の練習では1位になりました。そしてその勢いのままさくら組は本番の運動会でも1位の栄冠に輝くことになります。

　練習で1位をとった翌日に，チームに戻ってきたヒロくんが豹変したさくら組の子どもたちをみて思わずつぶやきました。

　「俺の居場所がない…」

　同僚の保育者の反応も辛らつです。「じゃあ後ろからついていけばいいんじゃない」「（子どもたちが盛り上がって）よかったやん」などなど…。

　運動会を振り返って，保育者たちはさまざまなことを語り合いました。さくら組の担任のヒロくんは「（子どもたちに）僕はこう思う，を言ってはいけないのだと思っていた」と言います。確かにそうかもしれません。また，ベテランの保育者さんは別の視点からこう言います。「俺の居場所がないと認めることができるヒロくんもすごいよ」。

　子どもたちがお互いを認め合い集団の中で協力し困難を乗り越えてほしい，自分たちの力を信じられる子どもになってほしいと願うたてわり保育ですが，それでも保育者が影響力をもってしまうこともあります。そのようなときには保育者がちょっと後ろにさがって，子どもたちに任せてみることも必要なのかもしれません。「大人がいないと子どもが伸びる」，本園ではよく耳にする言葉ですが，そのことを改めて感じさせてくれたさくら組の子どもたちでした。

　子どもたちの中に自分の居場所がないなと感じたとき，保育者はどのような行動をとるでしょうか？　ついつい「私が先生でしょ」と子どもたちの中に割って入ろうとしてしまわないでしょうか？　保育者にもプライドはあります。自分がお休みしている間に子どもたちが成長していると「悔しい…」と感じてしまうこともあるでしょう。でも，**聖愛園**の保育者たちはそれはちがうと感じています。

　ありのままの自分を大切（好き）に思える子どもたちになってほしいと願うのであれば，まずは保育者がありのままの自分を大切（好き）に思える必要があります。ありのままの自分には，苦手なこと未熟な部分がたくさんあります。そんな不完全な自分を認めさらけ出せる保育者がいて，不完全な自分自身をお互いに認め合い受け入れることができる保育者同士の集団が，たてわり保育を支えているのです。

> **事例 7-5**　**3歳児の言葉「ぼくだって一人でセリフ言えるんや」**

　発表会のある12月のことです。このころには4月にはハチャメチャだったチームも成長し，リーダーの5歳児さんの下，困難な課題にも取り組む力が育っています。聖愛園の発表会では毎年チームで劇を行っています。4月に保護者に伝えた「私たちが大切にしたいこと」の実践の中で，子どもたちが何を学び感じたかを，今度は子どもたちが劇を通して観ている大人たちに伝えてくれる。そんな劇です。

　ある年，れんげ組では「オズの魔法使い」をモチーフにした劇を行うことになりました。登場する役の一つに「魔女」があります。れんげ組では5歳児さん，4歳児さん，3歳児さんが一人ずつ魔女の役をすることになりました。魔女が登場する場面では5歳児さんがリーダーになって，4歳児さん，3歳児さんがそれについていくといった感じでステージに三人の魔女が登場します。長いセリフもあり，三人で声を合わせてセリフを言うのですが，大きな声で引っ張ってくれるのはやっぱり5歳児さんです。

　本番を間近に控えたリハーサルの日，なんと魔女役の5歳児さんが体調が悪く欠席になりました。保育者は，4歳児さんと3歳児さんの二人では心配だなあ，この日だけ他の役の5歳児さんに魔女をやってもらうのがいいのか，保育者が5歳児さんの代わりをした方がいいのかと悩みます。

　しかしそれまでの練習の中でも，5歳児さんがお休みのときに，3歳児さん，4歳児さんが自分のセリフを言えていたこと，それを見てくれた他のグループの子どもたちに「すごいね」とほめられて自信をつけていたこと，家庭でも保護者に「僕だって一人でセリフ言えるんや」と話していたことなどから，れんげ組の保育者は3歳児さんと4歳児さんだけでステージに上がってもらおうと決めました。

　保育者が心配そうに見守る中，魔女の出番がやってきました。小さな二人がステージに登場します。すると，保育者の心配をよそに，小さな二人の魔女はセリフをばっちり覚えていて，しっかりした声で魔女を演じてくれます。保育者たちはその堂々たる姿にびっくりし，自分たちの想像よりもずっと子どもたちは成長しているんだと気づかされました。

　事例7-4で「大人がいないと子どもが伸びる」という言葉を紹介しましたが，5歳児がいないところで，4歳児，3歳児はぐっと成長するのです。5歳児はその姿を知り，これまで自分が面倒をみないといけないだけの存在だった4歳児，3歳児に対するまなざしが，**自分を助けてくれる頼れる仲間**だというまなざしに変わっていきます。

　本番の発表会では5歳児も登園し，三人で頼もしく魔女を演じてくれました。このとき，5歳児にとって4歳児，3歳児は，4月ごろの面倒をみてあげなければならない存在から，共に劇を作り上げていく頼れる仲間という存在に変わっていたことでしょう。

　そのような姿をみて，保育者も考えさせられます。今まで後輩だった新人保育者たちも，自分たちが想像しているよりもずっと成長しているのかもしれない。若い保育者が成長していくために，もっといろいろな仕事を任せていいのかもしれない。何とか自分ががんばらないといけないと思っていたあの仕事もこの仕事も，もっと仲間を信じて頼っていけばいいのかもしれないと。

3．インクルーシブな社会をめざして

　本稿を書かせていただいた筆者自身は，子ども二人が聖愛園でお世話になった保護者でもあります。

　15年以上前の話になりますが，当時は夫婦ともに30歳代で仕事と子育ての両立に追われ，正直なところ聖愛園の保育の内容，理念にそこまで関心があったわけではありません。ただ，印象に残っているのは，お迎えが遅くなったとき，持ち物を忘れたときなど，今思えば何かと園に迷惑をかける保護者だったのですが，一度も「お父さん，ちゃんとしてください」と怒られた記憶がないのです。しまった，迷惑をかけたな…と思ったときでも，いつも「お父さん，お仕事も大変なのに，子育てがんばってますね。それでいいんですよ」と言ってもらえました。

　聖愛園が「障がい児共同保育」を掲げて，障がい児を積極的に受け入れ，異年齢保育にも取り組んでいることは知っていましたが，他の保育所の保育を知る機会もなく，それがいかに特別な取り組みであるかということはあまり理解していなかったように思います。

　しかし，子どもが聖愛園を卒園して何年か後に，聖愛園の保育の成果を感じるできごとがありました。

　筆者の子どもが小学生のときのことです。聖愛園の在園中から，新しい場面や，自分の意見・発言を求められることが苦手で，固まってしまったり，一人だけ取り残されてしまうことがあるような子でした。小学校に上がってからもそのような傾向は続いていたのですが，担任の先生が「〇〇くん，なかなか動けず固まってしまうこともあるのですが，そんなとき，聖愛園から来た子が〇〇どうしたん，と声をかけてくれるんです」と教えてくれたのです。

　担任の先生としては，同じ保育所から来たなじみの子が声をかけてくれている，という何気ない一言だったのかもしれませんが，私にはそうは聞こえませんでした。

　確かに1歳，2歳といった幼いころからの知り合いということもあるでしょう。しかし子どもの時間の流れは速く，小学校に上がって何度かクラス替えもあれば，保育所時代のことはあっという間に過去の記憶になり，今隣にいる新しい友だちとの世界を構築していきます。筆者の子どもが入学した小学校は1学年4クラスあり，新しい友だちはどんどん増えていきます。子どもは正直で，それゆえに時に残酷です。どこか自分とはちがう子ども，自分たちのペースについてこれない子に対して，「あいつのことはほっとこうよ」という気持ちになることもあるでしょう。あまりほめられることではないかもしれませんが，自分自身のことを振り返っても，特にギャングエイジと呼ばれる小学生のころはそのような傾向があると思います。

　しかし，聖愛園で幼年期を過ごした子どもたちには，自分とはちがう子ども，うまく仲間の輪に入れない子どもに対して「あいつもおるやん」「困っているなら助けてあげたらいいやん」というまなざしが育っているのです。

　担任の先生からのその話を聞いたとき，はじめて自分がなんと素晴らしい保育所に出会えていたんだろうと，卒園後数年たってから初めて気づいた気がします。

　そして，大人である自分自身は，隣人に対してどのようなまなざしをもっているだろう？　と自らを振り返ります。聖愛園の子どもたちのようなまなざしを，自分はもてているだろうか？

聖愛園の保育の中で子どもたちには他者に対して，同じ世界に共に生きる仲間の一人であるというまなざしが育っています。そのまなざしをもって卒園していった子どもたちは，十数年後には大人になり，地域を，社会を，世界をつくっていく一人になっていきます。人々がお互いに，ちがいを受け止め合い，共に生きていくことのできる社会をつくっていける人たち，そのような人たちを育んでいる聖愛園の保育者さんたちに，ぜひそのことを知ってほしい。また，保育業界，研究者，保育者を志す人たち，そして子どもたちの成長や，社会の在り方に関心のある人たちすべてに，聖愛園の「障がい児共同保育」を知ってもらいたい。そして改めて，自分を問い直してほしい。そんな願いを込めて，聖愛園「障がい児共同保育」の紹介をさせていただきました。

　この機会を与えてくださった小山望先生，執筆に協力してくださった聖愛園の保育者の皆様，大人である私たちに人間のあるべき姿を示してくれた聖愛園の子どもたちに感謝申し上げます。本当にありがとうございます。

第8章 インクルーシブ保育を進める

1．4園の実践からみえてくる共通項

　本書にはインクルーシブ保育実施園として，葛飾こどもの園幼稚園（東京都），愛隣幼稚園（千葉県），愛の園ふちのべこども園（神奈川県），幼保連携型認定こども園聖愛園（大阪府）の4園が掲載されています。この4園には共通項があります。もちろん，それ以外にも各園の独自の園の歴史や文化があります。ここではインクルーシブ保育を進めるにあたり，重要と思われる項目をあげていきます。4園に共通したことは，下記の項目です。

（1）子どもの主体性を尊重した保育

　インクルーシブ保育の特徴として，子どもの主体性を尊重していることが大前提になります。**子どもが主人公**です。これは保育者主導で保育内容を自分たちが考えた計画をベースに実行していく方法とは，真逆の方法です。子どもが自分でどのような遊びをしたいかを自分で考え決めて，誰と一緒に遊びたいかも決めて遊ぶことを尊重する保育です。

　葛飾こどもの園幼稚園では，コーナー活動という環境を準備して，子どもたちはさまざまな素材（砂，土，紙，空き箱，ダンボール，布など）と道具を準備して，これらを使って表現しながら，自分の遊びをつくり出していきます。

（2）一人ひとりの子どもを大切にする保育

　愛隣幼稚園では，「一人ひとりがちがって，いいね」，「ちがうわたしも大丈夫，ちがうきみもそのままでいい」，**ちがっている自分がありのままで保育者に受容されること**で，自分も他の子どものちがいを受け入れることができるようになるという考えで保育をしています。**事例5－1**（p.47）の言葉の遅れがある子どもYくん，**事例5－2**（p.49）にある外国籍のOくんへの対応は，一人の子どもをていねいに根気強く，その子の困り感や不安を保育者がしっかり受け止めて，寄り添っている姿が現れています。

（3）自由遊び

　インクルーシブ保育の特徴として，どの園も自由遊びを大切にしています。子どもの主体性や誰もが園で安心して生き生きと過ごすためには，遊び，空間，遊び相手を自由に選ぶことを保障しなければなりません。遊びを通じて発達が促され，成長していきます。**子どもは好きな場所で好きな相手と遊んでいい**のです。昨日の続きで遊び始める子どももいれば，今日から始める子どももいます。子どもは関心があること，好きなことはそれぞれちがいます。一人で遊ぶことが好きな子ども

もいます。一人で遊んでいた子どもも興味をもった遊びを他の子どもと一緒に遊んでいるうちに、気の合う仲間となっていくこともあります。自由遊びを保障して誰でも安全で安心できる居場所であることが大切です。

（4）保育者同士の連携

インクルーシブ保育を進めるにあたり、大事なことは、保育者が一人で問題を抱え込み、孤立させてはいけないことです。それには、子どもや保護者の対応で困って悩んだときに、**保育者同士で話せる場や雰囲気がある**ことです。子どもや保護者への支援は園全体で考え、情報を共有し検討して方針を決めることです。

愛隣幼稚園では、毎日、保育終了後に保育者が集まり、その日の保育であったことを報告する時間をもっています。**事例5-4**（p.52）では、年中のNくんが保護者との分離不安を示し、保育中の行動も不安定になり、言葉がけをした保育者への乱暴もでてきたため、事例検討会議を行い、Nくんの保護者や担任からの情報を集め、Nくんへの対応を園全体で検討し解決に向かっていきました。

聖愛園では、**事例7-3**（p.81）の「保育者ノンちゃん『なんで子どもにこんなしんどいことさせるの』」では、保育者が自分の素直な気持ちを表現して、それを受け入れて支えてくれる保育者集団の存在を感じます。

5歳児担当の保育者ノンちゃんは山歩きへ向けての「歩きこみ」がつらくて、先輩保育者に「なんで子どもにこんなしんどいことさせるん」とこぼしたところ、「登山なんかやめたらいいやん」と言われてしまいます。しかし、「歩きこみ」を3回、4回と続けていくうちに子どもたちが「歩きこみ」で起こるさまざまな問題を自分たちで考えて実行している姿に「子どもたちに置いていかれている気持ちになった」と言っています。子どもの前では立派な大人でなければいけないと思っていて、「歩きこみ」が楽しめていない気持ちを子どものせいにしていたことに気づきます。保育者が楽しんでやっていないと子どもたちにも伝わります。「歩きこみ」はしんどいことを、もっと子どもの前で正直に打ち明けて子どもと一緒に考えてみることも必要だったと、振り返りの会議で話したとあります。子どもと共に保育者も成長していくことを周りの保育者から励まされていくのです。

保育者同士で支え合い、時には叱咤激励されながら、保育者自身も成長していく保育者同士の強い連携の姿を感じさせる事例です。

（5）保護者との信頼関係

愛の園ふちのべこども園では、**保護者との信頼関係づくり**を重視しています。日々のコミュニケーションを大切にして、保育者から子どもの様子をていねいに伝え、保護者の味方であることをこころがけていますが、保護者との信頼関係づくりに重要です。

愛の園ふちのべこども園では、臨床心理士（以下、心理士）が常勤で勤務しているので、障がいのある子どもなど、特別の配慮の必要な子どもの心の理解や対応について、担任と心理士とが緊密に連携している点で安心できる環境になっています。また障がいのある子どもの保護者からの相談や保育者から伝えるために保育士と心理士が協働で保護者面談を行っています。心理士が子どもの

行動や心理を説明してくれることで，子どもの理解と対応について保護者と保育者双方のニーズを満たす役割を担っています。園に心理士が常在していることで，特別なニーズのある子どもの個別の支援計画を作成したり，療育機関との連携の窓口になったりしていることは保護者にとっても安心できる環境になっています（p.67，**事例6−2**参照）。

　また葛飾こどもの園幼稚園では，保護者との信頼関係づくりの一環で，保護者同士がつながりをもつために毎月のクラスごとの保護者会を開き，子どものことを自由に話す場を設けています。異年齢クラスなので，年少の保護者から子育ての心配ごとを話すのを聞いて，年長の先輩保護者から「私のときもそうでした，大変だよね」と声をかけてくれるのは，**保護者同士がつながって安心できる関係**ができます。園と保護者との信頼関係ができると，卒園したあとも地域で園が交流の場となりながら保護者同士つながっていく関係を築いていきます。

（6）異年齢クラス

　4園とも異年齢クラスや異年齢活動を中心とした保育をしています。インクルーシブ保育では，子どもたちがちがっていることが前提の保育なので，3歳〜5歳の**異年齢保育は日々の活動の中で，徐々に多様性を受け入れて成長していきます**。

　聖愛園の異年齢クラスでは第1段階の「はちゃめちゃ期」から第2段階の「信頼・協力期」，第3段階の「目標達成期」までの年間を通じて成長の様子が示されています。**事例7−1**（p.78）の5歳児さんの寝言「いずみさん（3歳児グループ），いうこときいてください」では，年長5歳児はリーダーとしての役割があるので，3歳児さんがいうことを聞かないことに，ストレスを抱えています。それを保育者が5歳児さんのしんどさや不満を聞きながら，「5歳児さんは，大変やなあ，がんばってくれたんやなあ」と5歳児さんの気持ちに寄り添いながら，年長さんとしてのリーダーの気持ちを育んでいきます。

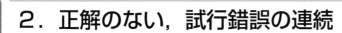

2．正解のない，試行錯誤の連続

　インクルーシブ保育には，正解がありません。毎日なんらかのドラマが起きて，それをめぐって保育者同士が話し合い，対応を考えます。子どもが主人公の保育を実現するため，子ども側からみた視点が必要となります。特別なニーズのある子どもについては，クラスでの同一の活動をするときに，同じ体験をさせることを目的にすると，その子ども，保育者双方に負担がかかります。ちがう活動でもいいと思います。クラス集団に入るのが怖いし，大勢の人が苦手ということもあります。しかし，クラス集団に居場所ができるようになると，特別なニーズのある子どももクラス活動に参加するようになります。

　集団活動に入るのをいやがっているのは，参加することが，子どもも不安でどうしたらいいのか混乱しているのです。子どもを不安にさせている環境をつくっているのは，園や保育者側の問題です。どういう活動なら，その子どもが参加できる活動なのか，子ども側に立って考えてみましょう。

　インクルーシブ保育は，保育者が意図した計画どおりに運んでいく保育とは正反対です。子ども

自身が主体的につくり出していく保育です。保育者は，子どもの主体性を尊重しながら，すべての子どもが安心して楽しく過ごせる環境とは，**どのような環境か絶えず試行錯誤していくこと**になります。

　正解のない，試行錯誤の連続——それがインクルーシブ保育なのです。

索　引

〔編著者〕 　　　　　　　　　　　　　　　　　　　　　　　　　　（執筆分担）

小山　望　　　田園調布学園大学人間福祉学部共生社会学科　教授　　　第1章，第8章

〔執筆者〕（執筆順）

堀　智晴　　　インクルーシブ（共生）教育研究所　代表　　　　　　　第2章

舟生直美　　　田園調布学園大学子ども未来学部子ども未来学科　助教　第3章

加藤和成　　　葛飾こどもの園幼稚園　理事長・園長　　　　　　　　　第4章

鈴木由歌　　　愛隣幼稚園　園長　　　　　　　　　　　　　　　　　　第5章（下記以外）

川俣瑞穂　　　愛隣幼稚園　教諭　　　　　　　　　　　　　　　　　　第5章 事例5－1

鈴木仁美　　　愛隣幼稚園　教諭　　　　　　　　　　　　　　　　　　第5章 事例5－2

渡邊美南　　　愛隣幼稚園　教諭　　　　　　　　　　　　　　　　　　第5章3.

新城優子　　　愛隣幼稚園　主任教諭　　　　　　　　　　　　　　　　第5章4.

中鉢路子　　　青山学院大学教育人間科学部心理学科　助教　　　　　　第6章

松岡佳子　　　愛の園ふちのべこども園　主幹保育教諭　　　　　　　　第6章

渡邊真伊　　　愛の園ふちのべこども園　臨床心理士・公認心理師　　　第6章

尾埀健二　　　幼保連携型認定こども園 聖愛園　理事長　　　　　　　第7章

だれもが大切にされる
インクルーシブ保育―共生社会に向けた保育の実践―

2023年（令和5年）8月30日　初 版 発 行

編著者　　小　山　　　望
発行者　　筑　紫　和　男
発行所　　株式会社 建 帛 社
　　　　　　　　 KENPAKUSHA

〒112-0011　東京都文京区千石4丁目2番15号
TEL（03）3944−2611
FAX（03）3946−4377
https://www.kenpakusha.co.jp/